# Sous-Vide

## Das Kochbuch

Die 75 besten Sous-Vide Rezepte für das heimische Schongaren

William Cunningham

ISBN: 1979781036
ISBN-13: 978-1979781039

# Inhaltsverzeichnis

# Übersicht der Rezepte

# Einführung

Suwitt? Sou vid? Oder doch Souvite? Weder, noch. Das Kochverfahren, das in diesem Buch ausführlich behandelt wird, schreibt sich richtig und à la francaise: sous vide. Was übersetzt "unter Vakuum" bedeutet. Ganz klar, die Sous-Vide-Methode ist im Trend, sie erobert immer mehr Küchen, Köchinnen und Köche. Die einen nutzen die Kochmethode privat, andere natürlich professionell. Alle zusammen drehen dem Gargut beim Kochen aber vor allem die Luft ab. Die Außenluft, um genau zu sein.

Das Vakuum, na ja, das Fast-Vakuum, entsteht nämlich in einem verschlossenen Beutel, der, einmal mit Lebensmitteln richtig befüllt, in heißem Wasser gar zieht. In heißem Wasser? Ja. Denn bei Temperaturen unterhalb von 100 Grad kann das H2O ja nicht wallend kochen. Konzentriert es sich doch darauf, dem heute modernen Niedrigtemparturgaren alle Ehre zu machen und zu verhindern, dass den Lebensmitteln im Beutel die Nährstoffe ausgehen.

Jedes Rezept ist eine Verbeugung vor den Besonderheiten des Sous-Vide-Kochens. Vor qualitativ hochwertigen Lebensmitteln und Zutaten, am besten mit Bio-Siegeln. Frisch sollen sie sein. Teilweise auch extravagant. Dann lohnt es sich auch, die Methode Sous-Vide im wahrsten Sinne des Wortes zu erschmecken. Sie begeistert auszuprobieren, eventuell sogar eigene Rezepturen zu erfinden. Kreativität und Fantasie erleichtern Ihnen das Kochen. Ob Fleisch, Fisch, Gemüse oder Obst. Vergleichen Sie die möglichen Geschmäcker, die entstehende Aromenvielfalt, die abwechslungsreichen Texturen. Wie heißt es nämlich? Kochen ist eine Kunst! Eine Kunst, die jeder erlernen kann.

Sie werden lernen, wie wichtig Sauberkeit bereits vor dem eigentlichen Kochen ist, was für die Lebensmittel ebenso gilt, wie für Messer oder Schneidbretter. Die Angst vor eventuellen Keimen dürfen Sie getrost vergessen. Sofern bestimmte Lebensmittel nach dem Garprozess noch angebraten werden. Beispielsweise ein Steak. Scharf angebraten, erhält das Fleisch nämlich die gewünschte Geschmackskruste. Sous-Vide bedeutet in vielen Fällen: Sterne auf dem Teller. Und ein Hoch auf den Koch oder die Köchin.

## Herkunft des Sous-Vide Trends

Eingeschweißter Lachs aus der 60 Grad warmen Spülmaschine? Das war einmal die Idee eines bekannten deutschen Kochs, die tatsächlich funktionierte. Aber das war nicht etwa die eigentliche Erfindung der Sous-Vide Methode. Eine andere Geschichte führt zurück ins Jahr 1799. Man erzählt, ein gewisser Sir Benjamin Thompson habe dieses spezielle Verfahren bereits ausgiebig genutzt. Tatsache und gar nicht verwunderlich ist es, dass einmal mehr die Franzosen in den 1970er Jahren auf die Idee der Sous-Vide Methode kamen. Die Küche galt international als führend und Innovationen waren schon immer die besonderen Herausforderungen findiger Köche. Abgeleitet vom Niedrigtemperaturgaren, schweißten sie Lebensmittel, Zutaten, Gewürze und kleine Bratenthermometer in speziellen Kunststoffbeuteln ein, die sie anschließend vakuumierten. Die extrem teuren Geräte zum Garen stammten noch aus chemischen oder biologischen Laboratorien. Es war wichtig, die eingestellte Hitze des Wassers, unbedingt unterhalb von 100 Grad, penibel einzuhalten. Diese wichtige Erkenntnis wiederum stammte aus dem Bereich der Convenience-Produktion. Die Ergebnisse waren durchaus zufriedenstellend, die Methode selbst allerdings galt schnell als zu unpraktisch und teuer. Die Gastronomen übten sich so lange in Geduld, bis neue und wesentlich günstigere Geräte zur Verfügung standen. Das Vakuumgaren erreichte eine neue Dimension. Was mit der innovativen Technik in vielen Gastronomiebetrieben zur Tagesordnung wurde, setzte sich bald darauf auch in privaten Haushalten durch.

Die Frage, ob diese Garmethode lediglich etwas für Küchenangeber sei, erübrigt sich: Nein. Im Gegenteil. Auch wenn man durchaus etwas experimentierfreudig sein sollte, setzen immer mehr Hobbyköche und Hausfrauen auf das Garen in Plastikbeuteln. Lebensmittel, unter Luftabschluss und bei niedrigen Temperaturen gegart, ergeben nicht selten wahre Sterne auf dem Teller und wunderbare Geschmackserlebnisse.

Da werden Töpfe und Pfannen gerne in die Schubladen verbannt, die übliche Hektik des Kochens durch eine gewisse Gelassenheit ersetzt. Was anschließend gegessen wird, sind jedenfalls keine überhitzten Nahrungsmittel, sondern beste und saftigste Leckereien, mit allen Aromastoffen und gesunden Vitaminen. Da präsentiert sich ein gutes Stück Steak in den besten Rosa-Farben, mit leckeren, sensiblen Fleischzellen und in bester Konsistenz. Die Armada an Fleisch, Fisch & Co. bleibt bei der Garmethode saftig und geschmackvoll.

Die Frage, wann ein Essen nahezu perfekt sei, wird mit oftmals mit dem Hinweis: „Wenn es schmeckt", beantwortet. Und ja, an dieser These ist was dran, schließlich muss es ja unseren Geschmacksnerven gefallen, nicht aber die Kochart. Dem kommt Sous-Vide entgegen, Feines aus dem Beutel ist eben Trend und Hype zugleich.

### Hygiene und Zeitaufwand

Es gilt aber ebenso: Keiner Kochmethode bleiben Nachteile erspart. Auch nicht der Vakuum-Kunst. Bei niedrigen Temperaturen ist der Entwicklung von Keimen und Bakterien Türen und Tore weit geöffnet. Das Immunsystem wird manches Mal ganz schön gefordert, um Salmonellen, Clostridium botulinum, E. Coli oder Listeria & Co. Paroli zu bieten. Wobei eines gut zu wissen ist: Sous-Vide bedeutet erhöhte Aufmerksamkeit gegenüber der Hygiene. Lebensmittelprodukte sollten nach dem Einkauf schnellstens und sorgfältig verarbeitet werden. Das bedeutet Putzen, Waschen und Trocknen. Es bedeutet saubere Messer und saubere Arbeitsplatten oder Schneidbretter. Experten meinen sogar, selbst der Kühlschrank müsse penibel sauber sein.

Ein anderer Nachteil ist das aufwendige und zeitintensive Kochen. Addiert man die Vor- und Nachbereitung wie Abkühlphasen oder das entscheidende s. g. „Ankrusten" hinzu, ist man von herkömmlichen Zubereitungsmethoden nicht allzu weit entfernt. Zumal die Herstellung von Saucen zusätzlich aufs Zeitkonto schlagen. Für das eigentliche Sous-Vide Kochen sind Zeiten oberhalb von rund zwei Stunden zu lang. Dann nämlich besteht die Gefahr, dass z. B. Fleisch übergart, trocken und breiig wird. Und was ist mit gewünschten Röststoffen? Dabei kommt es auf Kompromissfähigkeit an, denn Röstgemüse wie Möhren, Sellerie oder Zwiebeln, das sogenannte Mirepoix, benötigen weitaus höhere Temperaturen, damit sich die gesamten Aromen öffnen.

Zu vermeiden ist auch die Verwendung normaler und herkömmlicher Beutel. Diese sollten für das Sous-Vide Garen aus mehreren Schichten, mit den Stoffen Polyamid und Polyethylen, hergestellt sein. Der Grund: Diese Produkte verhindern die Extraktion von Weichmachern, also die unerwünschte Übertragung der Stoffe in das Gargut und damit von Fremdaromen.

### Das Equipment

Kommen wir zum Thema der benötigten Gerätschaften. Einige Zeitgenossen werden angesichts der marktüblich hohen Preisen nur kurz mit den Schultern zucken – und den Kauf tätigen. Das Motto: „Was kostet die Welt". Ob spezielle Wasserbäder oder Dampf-Konvektionsöfen – erstere sind übrigens deutlich zu empfehlen – werden zwar allmählich günstiger in der Anschaffung, aber nach oben sind, wie immer, kaum Grenzen gesetzt. Immerhin hat sich die Industrie dazu entschieden, immer mehr Sous-Vide Garer an den Mann oder die Frau zu bringen.

Egal, ob vom Discounter oder im Fachgeschäft, ein „Garer" muss sein. Fachleute nennen diese Geräte übrigens „Sous-Vide Thermalisierer". Vom Kleinwagen bis zum Maybach ist, was die Preise angeht, alles möglich. Sogar der immer beliebter werdende Thermomix© präsentiert sich als gute Alternative zu den erwähnten Garern, vorausgesetzt, es wird ein entsprechender Thermomix©-Aufsatz angebracht. Man könnte aber auch einen Topf mit Wasser füllen, ihn zum Kochen bringen und das verpackte Lebensmittel darin garen. Die Selfmade-Methode ist jedoch ausgesprochen zeitaufwendig, da die Temperatur ständig geprüft und/oder verändert werden muss. Eine weitere Anschaffung wäre der benötigte Vakuumierer samt passendem Zubehör, als den richtigen Beuteln. Den Vogel schießt derzeit ein Hersteller mit einer Komplettlösung ab. Das Gerät ist Dampfgarer, Vakuumkammer und Schockfroster zugleich. Profiköche schreien Hurra, bei einem Anschaffungspreis ab rund 10.000 Euro aber, kommen aber ambitionierte Hobby-Sous-Vide-ler wahrscheinlich stark ins Grübeln. Wie so oft gilt hierbei die goldene Mitte. Billige Haushaltsgeräte dürften die hohen Anforderungen an die Sous-Vide Methode auf Dauer kaum umsetzen.

Modern werden auch so genannte Sous-Vide Sticks. Die meisten sind für Wassermengen bis zu 25 Liter geeignet und können an den meisten Gargeräten befestigt werden. Zu empfehlen wären Sticks mit einer Maximalenergie von rund 1.000 oder mehr Watt. Dann wären auch Temperaturen von annähernd 95 Grad mit Leichtigkeit zu bewältigen. Für die Menüführung gilt: übersichtlich, selbsterklärend. Und für die Sicherheit verantwortlich ist eine automatische Abschaltung, z. B. bei einem zu niedrigen Wasserstand. Ebenso hilfreich ist in der Praxis ein eingebauter Alarmton. Andere Sticks lassen sich sogar per App über Bluetooth oder WLAN steuern. Grundsätzlich wichtig wäre noch die einfache Reinigung solcher Gerätschaften.

Muss für die Geräte- und Zubehöreffizienz aber wirklich tief in die Tasche gegriffen werden? Die Antwort darauf kann nur lauten, das die persönliche Entscheidung ganz oben auf der Anschaffungsliste steht, sobald die Entscheidung pro Sous-Vide gefallen ist.

### Die Gartemperaturen

Bei allen Lebensmitteln, die das Sous-Vide Verfahren durchlaufen sollen, ist das Verhältnis zwischen Wassertemperatur und Garzeit ein ganz entscheidendes Kriterium. Gibt es aber tatsächlich 100-prozentige Hinweise oder Vorgaben? Ein „Nein" wäre hier ehrlicherweise angebracht. Bei einigen Fleischstücken etwa variiert die Garzeit nicht selten zwischen zwölf und 48 Stunden, bevor sie wunderbar zarte Gaumenfreuden aufzeigen. Ein Filet oder ein Roastbeefsteak benötigt circa 180 Minuten bei einer Wassertemperatur von 54 Grad, bis es „medium rare" vollendet ist. Wesentlich extremer sind die Angaben beispielsweise für einen Schmorbraten. Wäre die Temperatur noch einigermaßen konform zu Filet oder Roastbeef, nämlich 58 Grad, geht es bei der benötigen Garzeit steil nach oben auf sage und schreibe 48 Stunden! Bei Fisch allerdings ist es umgedreht. Ein blättrig und zart gegarter Süßwasserfisch ließe sich in rund 40 Minuten bei 50 Grad in ein leckeres Essen verwandeln, während es für die Zubereitung von Gemüsen bereits wieder ganz unterschiedliche Gardauern zwischen 20 und 180 Minuten gäbe. Einheitlich wären allerdings die Temperaturen: 85 Grad.

Aber Achtung! Nahezu jedes Lebensmittel muss vor dem Garen für sich hinsichtlich Frische, Qualität und Größe betrachtet werden. Nur so kann erklärt warum, warum ein und dasselbe Stück Fleisch, bei verschiedenen Anbietern, z. B. in gleich dicken Scheiben gekauft, völlig andere Werte beim Sous-Vide Verfahren ergeben kann. Es ist und bleibt, was es letztlich ist: eine Wissenschaft für sich. Ein ständiges Ausprobieren und Experimentieren. In den meisten Fällen mit Spaßgarantie. Eine vollständige Übersicht der Gartemperaturen erhalten Sie auf:

*www.sous-vide-profi.de/ratgeber/sous-vide-gartabellen*

Was wesentlich zum Gelingen beiträgt, wäre also die möglichst korrekte Bestimmung der Kerntemperatur, das Erhitzen des Wasserbads und die ebenso wichtige Einhaltung der Garzeit, die weder unter-, noch überschritten werden sollte. Hat man den Dreh aber raus, dürften die meisten Rezepte gelingen. Immer wieder. Solange der alt bekannte Spruch auch in die Tat umgesetzt wird: Sous-Vide braucht Präzision. Dies gilt auch bei den Abkühlphasen. Wer die fertig gegarten Lebensmittel etwa schnell in Eiswasser abkühlt, ist bestimmt auf der richtigen Seite. Dann ist auch eine Aufbewahrung – natürlich im Beutel! – im Kühlschrank oder im Tiefkühler problemlos möglich. Ruft der Hunger, kommt nochmals das Sous-Vide Wasserbad zum Einsatz, das Essen wäre dann nur noch auf die ursprünglich gewählte Temperatur zu erhitzen: „Guten Appetit!". Da bekommt auch die Kernaussage etlicher Köche ein geradezu passendes Gesicht: „Das Leben ist zu kurz für schlechtes Essen!".

## Schritt für Schritt zum Erfolg

Abgesehen von Sauberkeit, Hygiene oder Qualitätsfragen, ist die Arbeitsorganisation ein ganz großes Wort der Sous-Vide Methode. Was passiert nach dem Einkauf? Wie lässt sich eigentlich mise en place vorbereiten? Auf was wäre beim Garen zu achten?
Der gesamte Prozess lässt sich grundsätzlich in nur drei Schritte einteilen.

- Schritt 1: Vakuumverpacken
- Schritt 2: Garen
- Schritt 3: abschließende Maßnahmen.

Klingt einfach, ist es im Prinzip auch. Beim anfänglichen Würzen ist etwas Vorsicht geboten. Einige Kräuter reagieren später beim Garen nämlich nicht ganz wie erwartet. Etwa Karotten, Zwiebeln oder Paprika. Die Verwendung kann leicht zu einer Überwürzung des Essens führen, unter anderem, weil die Temperaturen höher sein müssten als etwa die beim Fleisch. Ähnliches gilt für „den Schuss" Olivenöl. Besser wä-

ren wärmebehandelte Ölsorten, beispielsweise Traubenkernöl. Eine Sorte „Extra Vergine“ sollte das Gericht erst nach dem Fertiggaren aufpeppen.
Die meisten Fleischsorten können für die Verwendung mariniert, gepökelt oder geklopft werden. Damit verbessern sich die Fleischstrukturen. Zur Vorbereitung zählt zudem, das Fleisch sorgfältig zu parieren, sollten Fett- und/oder Faserrückstände vorhanden sein.

Achtung bei Wein in einer Marinade! Bleibt er vor dem Marinieren ungekocht, der Fachmann spricht von einer Reduktion, besteht später die Gefahr, im Beutel zum gasförmigen Zustand zu wechseln, was ungleiches Garen bedeuten würde. Essig, Fruchtsaft, Buttermilch oder Joghurt bereiten hingegen keine Sorgen.

Ist alles vorbereitet? Dann ab damit in den speziellen Garbeutel. Jetzt beginnt der Prozess des Vakuumierens, am besten gelingt dies mit der entsprechenden Maschine. Gute Geräte entziehen dem Beutel rund 99 Prozent der Luft, also nicht weit weg vom Optimum.

Im nächsten Schritt wird das Gargerät auf die benötigte Betriebstemperatur gebracht, nachdem das Messgerät für das Wasser ordnungsgemäß installiert wurde. Entspricht die Wasserhitze dem gewünschten Ergebnis, kann der verschlossene Beutel – mit der Verschlussöffnung nach oben! – eingelegt werden. Ab jetzt heißt es die Temperatur ständig zu kontrollieren, oder diese Funktion einem Thermalisierer zu überlassen. Letzterer Vorgang führt zu einer klaren Zeiteinsparung, die für weitere Kochschritte, gemeint sind hier etwa die Soße, die Beilagen oder das Dessert, genutzt werden kann.

Ist die vorgegebene maximale Garzeit erreicht, wird der Beutel samt Gargut auf bis zu drei Grad heruntergekühlt. Am besten in einer entsprechenden Schüssel mit ein paar zerkleinerten Eiswürfeln. Je nach Vorstellung erfolgt jetzt die bis zu rund dreiwöchige Aufbewahrung im mittleren Fach des Kühlschranks, alternativ und natürlich länger im Gefriergerät, oder das Essen wird für den Service direkt weiterbearbeitet.

Bei Fleisch oder Fisch, die mit einer krossen Haut serviert werden sollen, wird zunächst eine Pfanne erhitzt sowie ein neutrales Öl hinzugefügt, um die Speise dann von allen Seiten scharf anzubraten. Nicht vergessen: Würze ist die Seele eines Essens! Und nicht nur Salz und Pfeffer wirken wahre Wunder. Was jetzt noch fehlt, ist die persönliche Kreativität des Kochs oder der Köchin beim Anrichten und Servieren. Die Augen essen schließlich mit.

### Häufige Fehlerquellen und Tipps

Wo gesägt wird, fallen bekanntlich auch Späne. Sprich, beim Kochen mit der Sous-Vide Methode können sich auch Fehler einschleichen. Einer, der des Öfteren einmal passieren kann, ist das sogenannte Übergaren. In diesen Fällen wurde die Wassertemperatur unterhalb oder erheblich über der eigentlich richtigen Temperatur eingestellt.

Für Geflügel empfiehlt sich vor dem Garen das kurzzeitige Pökeln in einer drei bis zehn-prozentigen Salzlösung. Der Effekt ist eine Regulierung des Wasserinhalts von rund null bis zwölf Prozent. Wird der Schritt vergessen, könnte dies zu einer Verwässerung des Gargutes führen.

Wurde beim Einkauf ein zähes Stück Fleisch vom Rind erwischt, wird es diese Tatsache nur verlieren, wenn es zwischen 50 und 65 Grad gegart wird. Um die zarte Weichheit noch zu erhöhen, müsste eine Garzeit oberhalb von 24 Stunden gewählt werden, um die Reißfestigkeit der Muskelfasern optimal herabzusetzen.

Wer im Hinterkopf behält, dass das Sous-Vide Verfahren sehr dem bekannten Pochieren ähnelt, wird Fisch, Schalentiere oder hautloses Geflügel stets sofort nach dem Garen servieren. Eine übliche Nachbereitung wäre also eher kontraproduktiv.

Auch Fisch ist ein heikles Thema. Ein Fehler wäre es, beim Einkauf nicht auf absolute Frische zu achten. Das hat leider auch Auswirkungen auf das Sous-Vide Garen. Der Tipp: Ein glänzender, fester und nach Meer riechender Fisch sollte ausschließlich in oder auf Eis verpackt transportiert und möglichst schnell gegart werden.

Man sieht sie nicht, aber sie sind vorhanden: Sporen. Vor allem dann, wenn die Speise nach dem Garprozess nicht schnell genug oder zu lange abgekühlt wird. Ein gesundheitlich verträgliches Maß an Sporen und/oder Bakterien werden durch das Sous-Vide Garen erreicht. Der Fachmann spricht in diesem Zusammenhang von einer Sterilisation. Üblich wäre jedoch, das Innere des Garguts zuvor in einem Dampfdruckkessel auf 121 Grad für etwa zweieinhalb Minuten zu erhitzen.

Die Auflistung von möglichen Fehlern ließe sich natürlich noch erweitern. Grundsätzlich aber gilt: Aus Fehlern lernt man. Und beim nächsten Sous-Vide Garen wird man sie (garantiert) nicht wiederholen. Insoweit bleibt an dieser Stelle, ganz viel Spaß, Freude und gutes Gelingen bei und mit dieser Garmethode zu wünschen.

Erst recht aber: „Guten Appetit!“

Fall Sie Fragen haben oder uns Feedback geben möchten, so können Sie uns jederzeit eine Mail schreiben:

feedback@kohlenhydratlos.de.

Wir werden Ihnen schnellstmöglich antworten.

# Rezepte

# Kartoffelpüree

2 Portionen – Zubereitungszeit: 3 Stunden 10 Minuten

**Zutaten:**

- 450g Kartoffeln, geschält und geschnitten
- 180ml Milch
- ½ frischer Salbeizweig
- ½ frischer Rosmarinzweig
- ½ frischer Thymianzweig
- 1 Knoblauchzehe, geschält
- 120g Butter, gewürfelt
- Salz und Pfeffer

1. Sous-Vide Gerät (kompaktes Wasserbad) oder einen Topf mit Einhänge-Thermostat mit Wasser füllen und auf 90°C erhitzen.
2. Kartoffeln, Kräuterzweige, Knoblauch und Butter in einen großen speziellen Vakuumbeutel oder einen Plastikbeutel, der keine Weichmacher enthält und hitzebeständig ist, geben.
3. Anschließend mit einem Vakuumierer oder der Wasserverdrängungsmethode die Luft aus dem Beutel entfernen und luftdicht verschließen.
4. Den Beutel in dem heißen Wasserbad platzieren und für 3 Stunden garen lassen.
5. Nach Ablauf der Zeit, den Beutel aus dem Wasserbad und die gegarten Zutaten aus dem Beutel nehmen. Die Kräuterzweige können nach dem Garen entfernt und weggeworfen werden, die Kartoffeln und den Knoblauch ein wenig abtropfen lassen.
6. Die Kartoffeln und den Knoblauch zusammen in eine große Schüssel geben und mit einem Kartoffelstampfer zu einem glatten Brei verarbeiten.
7. Den Kartoffelbrei mit Salz und Pfeffer je nach Belieben würzen.
8. Warm servieren und genießen.

# Süßkartoffel-Karottenbrei

2 Portionen – Zubereitungszeit: 1 Stunde 10 Minuten

**Zutaten:**

- 1 große Süßkartoffel, geschält und geschnitten
- 5 mittlere Karotten, geschält und in Stücke geschnitten
- 1 EL Butter
- Salz

1. Sous-Vide Gerät (kompaktes Wasserbad) oder einen Topf mit Einhänge-Thermostat mit Wasser füllen und auf 83°C erhitzen.
2. Alle Zutaten in einen großen speziellen Vakuumbeutel oder einen Plastikbeutel, der keine Weichmacher enthält und hitzebeständig ist, geben.
3. Anschließend mit einem Vakuumierer oder der Wasserverdrängungsmethode die Luft aus dem Beutel entfernen und luftdicht verschließen.
4. Den geschlossenen Beutel in das Wasserbad tauchen und für 1 Stunde garen.
5. Nach Ablauf der Zeit den Beutel aus dem Wasserbad nehmen, öffnen und in eine große Schüssel geben.
6. Mit einem Kartoffelstampfer alles zu einem glatten Brei zerstampfen.
7. Warm servieren und genießen.

# Erbsensuppe

2 Portionen – Zubereitungszeit: 1 Stunde 10 Minuten

**Zutaten:**

- 100g Erbsen
- 1 kleine Zwiebel, gewürfelt
- 1 EL frische Minzblätter
- 240ml Wasser
- 1 Knoblauchzehe, geschnitten

1. Sous-Vide Gerät (kompaktes Wasserbad) oder einen Topf mit Einhänge-Thermostat mit Wasser füllen und auf 82°C erhitzen.
2. Die Erbsen, die Zwiebel und den Knoblauch in einen speziellen Vakuumbeutel oder einen Plastikbeutel, der keine Weichmacher enthält und hitzebeständig ist, geben.
3. Anschließend mit einem Vakuumierer oder der Wasserverdrängungsmethode die Luft aus dem Beutel entfernen und luftdicht verschließen.
4. Den geschlossenen Beutel im Wasserbad platzieren und für etwa eine Stunde garen.
5. Nach Ablauf der Zeit den Beutel aus dem heißen Wasser nehmen und in Eiswasser legen.
6. Die Minze, das Wasser, die Zwiebel, die Erbsen und den Knoblauch mit einem Pürierstab zu einer cremigen Suppe verarbeiten.
7. Servieren und genießen.

# Gegrillte Artischocken

2 Portionen – Zubereitungszeit: 2 Stunden 15 Minuten

**Zutaten:**

- 2 Artischocken, getrimmt und halbiert
- 1 ½ EL Olivenöl
- ½ EL geriebene Zitronenschale
- 4 Knoblauchzehen, geschält
- 4 EL Butter, ungesalzen
- Pfeffer und Salz

1. Sous-Vide Gerät (kompaktes Wasserbad) oder einen Topf mit Einhänge-Thermostat mit Wasser füllen und auf 82°C erhitzen.
2. Eine Knoblauchzehe und einen EL Butter in der Mitte jeder Artischockenhälfte platzieren.
3. Die Artischockenhälften mit Salz und Pfeffer würzen und mit der Zitronenschale bestreuen.
4. Die gewürzten Artischocken in einen großen Vakuumbeutel oder einen Plastikbeutel, der keine Weichmacher enthält und hitzebeständig ist, geben.
5. Anschließend mit einem Vakuumierer oder der Wasserverdrängungsmethode die Luft aus dem Beutel entfernen und luftdicht verschließen.
6. Den Beutel in das heiße Wasserbad tauchen und für 2 Stunden garen.
7. 20 Minuten bevor die Artischocken fertig sind, den Grill anheizen damit er rechtzeitig eine hohe Temperatur hat. Alternativ können die Artischocken auch in einer Pfanne angebraten werden. Diese muss nicht unbedingt 20 Minuten vorher erhitzt werden, sollte aber eine hohe Temperatur haben, sobald die Artischocken fertig gegart sind.
8. Nach 2 Stunden die Artischocken aus dem Wasserbad nehmen, den Beutel öffnen und die überschüssige Flüssigkeit von den Artischocken trennen.
9. Die Artischocken mit Olivenöl einpinseln und für 5 Minuten grillen oder in der Bratpfanne anbraten. Servieren und genießen.

# Marinierte Pilze

2 Portionen – Zubereitungszeit: 1 Stunde 10 Minuten

**Zutaten:**

- 60g weiße Pilze (Champignons)
- ¼ TL Knoblauchpulver
- 1 Lorbeerblatt
- ½ TL Worcestersoße
- ¼ TL getrockneter Thymian
- 30ml Trockenen Sherry
- 1 ½ EL Olivenöl
- Pfeffer und Salz

1. Sous-Vide Gerät (kompaktes Wasserbad) oder einen Topf mit Einhänge-Thermostat mit Wasser füllen und auf 85°C erhitzen.
2. Alle Zutaten in einen speziellen Vakuumbeutel oder einen Plastikbeutel, der keine Weichmacher enthält und hitzebeständig ist, geben.
3. Anschließend mit einem Vakuumierer oder der Wasserverdrängungsmethode die Luft aus dem Beutel entfernen und luftdicht verschließen.
4. Den Beutel einmal gut schütteln um alle Zutaten miteinander zu vermischen.
5. Nun den Beutel in das Wasserbad tauchen und für eine Stunde garen.
6. Nach Ablauf der Zeit den Beutel aus dem Wasserbad nehmen, öffnen und den Beutelinhalt in eine Schüssel geben.
7. Das Lorbeerblatt entfernen und die Pilze servieren.

# Grüne Bohnen asiatische Art

2 Portionen – Zubereitungszeit: 55 Minuten

**Zutaten:**

- 100g grüne Bohnen
- ¼ TL Knoblauchsalz
- ½ TL Sesamöl
- ½ EL getrocknete Zwiebel
- ½ EL rote Chiliflocken
- ½ EL scharfe Chilisoße (Sriracha Soße)

1. Sous-Vide Gerät (kompaktes Wasserbad) oder einen Topf mit Einhänge-Thermostat mit Wasser füllen und auf 85°C erhitzen.
2. Alle Zutaten in einen speziellen Vakuumbeutel oder einen Plastikbeutel, der keine Weichmacher enthält und hitzebeständig ist, geben.
3. Anschließend mit einem Vakuumierer oder der Wasserverdrängungsmethode die Luft aus dem Beutel entfernen und luftdicht verschließen.
4. Den Beutel im Wasserbad platzieren und für 45 Minuten garen.
5. Nach Ablauf der Zeit, den Beutel aus dem heißen Wasserbad nehmen, öffnen und grüne Bohnen zum Servieren auf einem Teller platzieren.

# Geröstete Knoblauch-Süßkartoffeln

2 Portionen – Zubereitungszeit: 55 Minuten

**Zutaten:**

- 230g Süßkartoffeln, geschält und gewürfelt
- ½ EL Ahornsirup
- ½ TL Thymian, geschnitten
- ½ TL Paprikapulver
- 1 ½ EL Butter
- 2 ½ Knoblauchzehen, geröstet
- Salz

1. Sous-Vide Gerät (kompaktes Wasserbad) oder einen Topf mit Einhänge-Thermostat mit Wasser füllen und auf 85°C vorheizen.
2. Die Butter, das Salz, den Knoblauch, das Paprikapulver, den Thymian und den Ahornsirup miteinander vermischen.
3. Die Süßkartoffeln und die Buttermixtur in einen speziellen Vakuumbeutel oder einen Plastikbeutel, der keine Weichmacher enthält und hitzebeständig ist, geben.
4. Anschließend mit einem Vakuumierer oder der Wasserverdrängungsmethode die Luft aus dem Beutel entfernen und luftdicht verschließen.
5. Den Beutel im heißen Wasserbad platzieren und für 45 Minuten garen.
6. Eine mittelgroße Pfanne erhitzen.
7. Nach Ablauf der Zeit den Beutel aus dem Wasserbad nehmen, öffnen und die Kartoffeln in die heiße Bratpfanne geben.
8. Die Süßkartoffeln für etwa 2 Minuten anbraten und servieren.

# Gemüsecurry

2 Portionen – Zubereitungszeit: 1 Stunde 40 Minuten

**Zutaten:**

- 230g Speisekürbis, geschält und geschnitten
- 2 EL Koriander, geschnitten
- 100g Zuckerschoten
- 70ml Gemüsebrühe
- 180ml Kokosmilch
- 1 EL Currypaste (rot)
- 90g Blumenkohl, in Röschen geschnitten
- 50g Baby Mais, halbiert
- 1 rote Paprika, entkernt und geschnitten
- Salz und Pfeffer

1. Sous-Vide Gerät (kompaktes Wasserbad) oder einen Topf mit Einhänge-Thermostat mit Wasser füllen und auf 84°C erhitzen.
2. Alle Zutaten in einen großen speziellen Vakuumbeutel oder einen Plastikbeutel, der keine Weichmacher enthält und hitzebeständig ist, geben.
3. Anschließend mit einem Vakuumierer oder der Wasserverdrängungsmethode die Luft aus dem Beutel entfernen und luftdicht verschließen.
4. Den Beutel im Wasserbad platzieren und für 90 Minuten garen.
5. Nach Ablauf der Zeit den Beutel aus dem Wasser nehmen, öffnen und den Inhalt in eine Schüssel geben. Curry heiß servieren und genießen.

# Spinat Risotto

2 Portionen – Zubereitungszeit: 1 Stunde

**Zutaten:**

- 200g Risotto Reis
- 60g Käse, in Würfel geschnitten
- Saft einer halben Zitrone
- 200g Spinat, geschnitten
- ½ EL Olivenöl
- 360ml Gemüsebrühe
- 60ml trockener Weißwein
- ½ Knoblauchzehe, geschnitten
- ½ Zwiebel, geschnitten
- 30g Butter
- Salz und Pfeffer

1. Sous-Vide Gerät (kompaktes Wasserbad) oder einen Topf mit einem Einhänge-Thermostat mit Wasser füllen und auf 83°C erhitzen.
2. Die Butter in einer Pfanne schmelzen und bei mittlerer Hitze den Knoblauch und die Zwiebel für etwa 5 Minuten darin anbraten.
3. Den Reis hinzugeben und für eine Minute gut umrühren, Wein hinzugeben und alles für weitere 2 Minuten verrühren.
4. Die Reismixtur und die Gemüsebrühe in einen speziellen Vakuumbeutel oder einen Plastikbeutel, der keine Weichmacher enthält und hitzebeständig ist, geben.
5. Anschließend mit einem Vakuumierer oder der Wasserverdrängungsmethode die Luft aus dem Beutel entfernen und luftdicht verschließen.
6. Den Beutel in dem heißen Wasserbad platzieren und für 45 Minuten garen.
7. Das Olivenöl in einer Pfanne bei mittlerer Hitze erhitzen, den Spinat und den Zitronensaft hinzugeben und garen bis der Spinat welk wird.
8. Nach Ablauf der Zeit den Beutel aus dem Wasserbad nehmen, öffnen und den Inhalt in eine Schüssel geben.
9. Den Spinat und den Käse hinzugeben und alles gut miteinander verrühren.
10. Das Risotto nach Belieben mit Salz und Pfeffer würzen. Heiß servieren und genießen.

# Grüner Spargel mit Senf

2 Portionen – Zubereitungszeit: 35 Minuten

**Zutaten:**

- 10 grüne Spargel Stangen
- 1 TL scharfer Senf
- 4 EL Olivenöl
- 1 hartgekochtes Ei, geschnitten
- 1 TL Rotweinessig
- Frische Petersilie

1. Sous-Vide Gerät (kompaktes Wasserbad) oder einen Topf mit Einhänge-Thermostat mit Wasser füllen und auf 85°C erhitzen.
2. Die Enden der grünen Spargel Stangen abschneiden und schälen. Die Stängel mit Salz und Pfeffer würzen.
3. Die Stängel nebeneinander mit der Spitze nach oben in einen speziellen Vakuumbeutel oder einen Plastikbeutel, der keine Weichmacher enthält und hitzebeständig ist, geben.
4. Anschließend mit einem Vakuumierer oder der Wasserverdrängungsmethode die Luft aus dem Beutel entfernen und luftdicht verschließen.
5. Den Beutel im Wasserbad platzieren und für 15 Minuten garen.
6. Während der grüne Spargel gart, den Senf, den Rotweinessig und das Olivenöl in einem kleinen Glas vermischen. Das Ganze mit Salz und Pfeffer würzen, das Glas mit dem Deckel verschließen und energisch schütteln, um alles gut zu miteinander zu vermengen.
7. Nach Ablauf der Zeit den grünen Spargel aus dem heißen Wasserbad nehmen und zum Abkühlen in ein Eiswasserbad legen. Wenn der grüne Spargel vollständig abgekühlt ist, den Spargel auf einem Teller platzieren und die Vinaigrette darüber träufeln.
8. Zum Schluss noch das geschnittene, hartgekochte Ei und die frische Petersilie darüber streuen. Servieren und genießen.

# Sous-Vide Ratatouille

2 Portionen – Zubereitungszeit: 2 Stunden 30 Minuten

**Zutaten:**

- 1 Zucchini, in dicke Scheiben geschnitten
- 1 mittelgroße Tomate, in dicke Scheiben geschnitten
- 1 rote Paprika, geschnitten
- ½ Aubergine, geschnitten
- ½ Zwiebel, geschnitten
- 3 ½ Knoblauchzehen
- 1 ½ EL extra natives Olivenöl
- 1 ½ Zweige Basilikum

1. Sous-Vide Gerät (kompaktes Wasserbad) oder einen Topf mit Einhänge-Thermostat mit Wasser füllen und auf 85°C erhitzen.
2. Die Zucchini, die Aubergine, die Paprika, die Tomate und die Zwiebel jeweils in einen speziellen Vakuumbeutel oder einen Plastikbeutel, der keine Weichmacher enthält und hitzebeständig ist, geben.
3. Jeweils mit Salz und Pfeffer würzen und den Knoblauch auf alle Beutel verteilen.
4. Das Basilikum und das Olivenöl gleichmäßig auf die Beutel verteilen.
5. Anschließend mit einem Vakuumierer oder der Wasserverdrängungsmethode die Luft aus dem Beutel entfernen und luftdicht verschließen.
6. Die Beutel in das Wasserbad geben und für etwa 30 Minuten garen.
7. Nach 30 Minuten den Tomatenbeutel aus dem Wasserbad nehmen und den Rest für weitere 30 Minuten garen.
8. Nach Ablauf der zusätzlichen 30 Minuten, den Paprika- und den Zucchinibeutel aus dem Wasserbad nehmen. Die Tomaten aus dem Beutel in eine Schüssel geben und grob zerkleinern.

9. Nach einer weiteren Stunde im Wasserbad können zuletzt auch die letzten beiden Beutel, mit der Aubergine und der Zwiebel aus dem Wasserbad genommen werden.
10. Anschließend die anderen Zutaten aus ihren Beuteln holen und sicherstellen, dass das Basilikum und der Knoblauch sofort aus jedem Beutel entfernt wird.
11. Alle Zutaten in die Schüssel mit den Tomaten geben und grob zerkleinern/ zerschneiden.
12. Das Gemüse in der Schüssel sanft miteinander vermischen und mit dem restlichen Olivenöl, etwas Salz und je nach Wunsch auch mit Basilikum verfeinern.

# Salbei Pastinaken

2 Portionen – Zubereitungszeit: 2 Stunden 20 Minuten

**Zutaten:**

- 150g Pastinaken, geschnitten
- 6 EL ungesalzene Butter
- 6 frische Salbeiblätter
- 1 TL Salz
- ½ TL schwarzer Pfeffer

1. Sous-Vide Gerät (kompaktes Wasserbad) oder einen Topf mit einem Einhänge-Thermostat mit Wasser füllen und auf 82°C erhitzen.
2. Die Butter in einer Bratpfanne bei mittlerer Hitze erhitzen, bis sie anfängt leicht braun zu werden. Jetzt den Salbei, das Salz und den schwarzen Pfeffer in die Pfanne geben, die Pfanne von der Herdplatte nehmen und alles für 5 Minuten abkühlen lassen.
3. Wenn die Buttermixtur abgekühlt ist, die Buttermixtur und die Pastinaken in einen speziellen Vakuumbeutel oder einen Plastikbeutel, der keine Weichmacher enthält und hitzebeständig ist, geben. Alles gut miteinander vermischen.
4. Anschließend mit einem Vakuumierer oder der Wasserverdrängungsmethode die Luft aus dem Beutel entfernen und luftdicht verschließen.
5. Den verschlossenen Beutel ins Wasserbad geben und für etwa 2 Stunden garen.
6. Nach Ablauf der Zeit den Beutel aus dem Wasserbad nehmen, die Salbeiblätter entfernen und die Pastinaken servieren.

# Sous-Vide geröstete Kartoffeln

2 Portionen – Zubereitungszeit: 1 Stunde 15 Minuten

**Zutaten:**

- 250g Kartoffeln, geschält und halbiert
- 1 Knoblauchzehe
- ½ TL getrockneter Rosmarin
- 1 EL Olivenöl
- Salz und Pfeffer

1. Sous-Vide Gerät (kompaktes Wasserbad) oder einen Topf mit Einhänge-Thermostat mit Wasser füllen und auf 54°C erhitzen.
2. Alle Zutaten in einen speziellen Vakuumbeutel oder einen Plastikbeutel, der keine Weichmacher enthält und hitzebeständig ist, geben.
3. Anschließend mit einem Vakuumierer oder der Wasserverdrängungsmethode die Luft aus dem Beutel entfernen und luftdicht verschließen.
4. Den Beutel in das vorgeheizte Wasserbad geben und für 30 Minuten garen.
5. Währenddessen den Ofen auf 300°C vorheizen.
6. Anschließend die Kartoffeln aus dem Beutel nehmen, auf einem Backblech ausbreiten und auf der mittleren Schiene für 30 Minuten backen, bis sie goldbraun sind. Nach der Hälfte der Zeit einmal wenden.
7. Die Kartoffeln heiß mit Rind-, Hähnchen- oder Schweinefleisch servieren.

# Couscous mediterran

2 Portionen – Zubereitungszeit: 8 Stunden 20 Minuten

**Zutaten:**

- 180g Couscous
- ½ gelbe Zwiebel, geschält und gewürfelt
- 1 kleine Karotte geschält und geraspelt
- ½ TL Olivenöl
- ½ TL Salz
- ½ TL Pfeffer
- ½ TL Oregano
- ½ TL Kurkuma
- 240ml Wasser
- 1 EL Butter

1. Das Gemüse und das Olivenöl in eine Pfanne geben und vorsichtig umrühren.
2. Das Ganze für etwa 5 Minuten unter ständigem Rühren, bei mittlerer Hitze leicht anbraten.
3. Anschließend das angebratene Gemüse mit dem Couscous in einen speziellen Vakuumbeutel oder einen Plastikbeutel, der keine Weichmacher enthält und hitzebeständig ist, geben und mit Salz, Pfeffer, Oregano und Kurkuma verfeinern.
4. Den Beutel einmal energisch schütteln.
5. Anschließend mit einem Vakuumierer oder der Wasserverdrängungsmethode die Luft aus dem Beutel entfernen und luftdicht verschließen.
6. Sous-Vide Gerät (kompaktes Wasserbad) oder einen Topf mit Einhänge-Thermostat mit Wasser füllen und auf 57°C erhitzen.
7. Den Beutel in das Wasserbad tauchen und für 3 Stunden garen.
8. Nach Ablauf der Zeit, den Beutel aus dem Wasserbad nehmen und den Inhalt in eine Schüssel geben.
9. Vor dem Servieren die Butter hinzugeben, alles gut miteinander vermengen und in kleinen Schalen servieren.

# Sous-Vide Kürbis

2 Portionen – Zubereitungszeit: 3 Stunden 10 Minuten

**Zutaten:**

- 300g Speisekürbis, geschält und geschnitten
- 1 TL Zimt
- ½ TL gemahlener Ingwer
- 1 TL Butter
- 40g Romano Käse (alternativ kann auch Parmesankäse verwendet werden)

1. Den geschälten und in Stücke geschnittenen Kürbis mit dem Zimt und dem gemahlenen Ingwer bestreuen und in einer Schüssel vorsichtig gut miteinander vermischen.
2. Romano Käse raspeln.
3. Sous-Vide Gerät (kompaktes Wasserbad) oder einen Topf mit Einhänge-Thermostat mit Wasser füllen und auf 76°C erhitzen.
4. Die gewürzten Kürbisstücke in einen speziellen Vakuumbeutel oder einen Plastikbeutel, der keine Weichmacher enthält und hitzebeständig ist, geben.
5. Anschließend mit einem Vakuumierer oder der Wasserverdrängungsmethode die Luft aus dem Beutel entfernen und luftdicht verschließen.
6. Den Beutel in das Wasserbad tauchen und für 3 Stunden garen.
7. Wenn der Kürbis fertig ist den Beutel aus dem Wasserbad nehmen und auf die Teller verteilen.
8. Zuletzt den Kürbis mit dem geraspelten Parmesan bestreuen und sofort servieren.

# Sous-Vide marinierter Gemüsemix

2 Portionen – Zubereitungszeit: 4 Stunden 20 Minuten

**Zutaten:**

- 1 Zucchini, geschnitten
- 200g Blumenkohl, geschnitten (Röschen)
- 1 große Karotten, geschnitten
- 1 Gurke, geschnitten
- 1 Zwiebel, gewürfelt
- 1 ½ Knoblauchzehen, geschält und gewürfelt
- ½ EL Apfelweinessig
- ½ EL Zitronensaft
- 120ml Wasser
- ½ EL Zucker
- ½ TL Salz
- ½ EL schwarze Bohnen
- ½ TL Basilikum
- ½ EL Koriander
- ½ TL Zwiebelpulver

1. Das Gemüse waschen und schneiden. Den Blumenkohl in kleine Röschen, die Zwiebeln und den Knoblauch in feine Würfel, die Karotten und Gurken in Scheiben und die Zucchini in beliebig große Stücke schneiden.
2. Anschließend das geschnittene Gemüse in eine große Schüssel geben und mit dem Basilikum bestreuen. Alles mit Hilfe der Hände gut vermengen.
3. Das Wasser zusammen mit dem Zwiebelpulver, dem Koriander, den schwarzen Bohnen, Salz, Zucker, dem Zitronensaft und dem Apfelweinessig in eine Pfanne geben.
4. Vorsichtig umrühren und erhitzen bis die Mixtur anfängt zu kochen, sobald sie anfängt zu kochen die Mixtur vom Herd nehmen und abkühlen lassen.
5. Den Gemüsemix auf zwei spezielle Vakuumbeutel oder zwei Plastikbeutel, die keine Weichmacher enthalten und hitzebeständig sind, verteilen.
6. Die abgekühlte Mixtur gleichmäßig auf die Beutel mit dem Gemüse verteilen.
7. Sous-Vide Gerät (kompaktes Wasserbad) oder einen Topf mit Einhänge-Thermostat mit Wasser füllen und auf 88°C erhitzen.
8. Anschließend mit einem Vakuumierer oder der Wasserverdrängungsmethode die Luft aus dem Beutel entfernen und luftdicht verschließen.
9. Die gefüllten Beutel in das Wasserbad tauchen und für 4 Stunden garen.
10. Nach Ablauf der Zeit die Beutel aus dem Wasserbad nehmen, das Gemüse aus den Beuteln auf die Teller verteilen und sofort servieren.

# Aromatischer Quinoa

2 Portionen – Zubereitungszeit: 5 Minuten + einige Wochen Gärung

**Zutaten:**

- 70g Quinoa
- 1 Paprika, entkernt und geschnitten
- 240ml Hühnerbrühe
- 1 Prise Salz
- 75g Butter
- 1 Prise Kurkuma
- 1 Prise Paprikapulver
- 1 Knoblauchzehe, geschält und geschnitten
- 1/3 Orange, geschält und geschnitten

1. Quinoa in einen speziellen Vakuumbeutel oder einen Plastikbeutel, der keine Weichmacher enthält und hitzebeständig ist, geben.
2. Die Paprika entkernen, schneiden und anschließend zu dem Quinoa in den Beutel geben. Den Knoblauch und die Orange ebenfalls schälen und zu dem Quinoa-Beutel geben.
3. Den Beutelinhalt mit Salz, Butter, Paprikapulver und Kurkuma verfeinern.
4. Um das Ganze besser zu vermengen, den geschlossenen Beutel einmal energisch schütteln.
5. Vor dem endgültigen Verschließen die Hühnerbrühe hinzugeben.
6. Sous-Vide Gerät (kompaktes Wasserbad) oder einen Topf mit Einhänge-Thermostat mit Wasser füllen und auf 85°C erhitzen.
7. Den Beutel mit dem Quinoa in das Wasserbad tauchen und für 1 Stunde garen.
8. Nach Ablauf der Zeit den Beutel aus dem Wasserbad nehmen, für einen Moment abkühlen lassen und anschließend den Beutelinhalt in eine Schüssel geben.
9. Je nach Belieben kann noch mehr Butter hinzugegeben werden. Quinoa sofort servieren und genießen.

# Knuspriger Porree mit Knoblauch

2 Portionen – Zubereitungszeit: 35 Minuten

**Zutaten:**

- 220g Porree, in Stücke geschnitten
- 4 Knoblauchzehen, zerkleinert
- 1 TL Meersalz
- 4 EL extra natives Olivenöl
- 3 EL frisch gepresster Zitronensaft

1. Sous-Vide Gerät (kompaktes Wasserbad) oder einen Topf mit Einhänge-Thermostat mit Wasser füllen und auf 84°C erhitzen.
2. In einer kleinen Schüssel das Olivenöl mit dem Knoblauch und dem Salz vermengen, die geschnittenen Porreestückchen mit der entstandenen Mixtur bestreichen und in einen speziellen Vakuumbeutel oder einen Plastikbeutel, der keine Weichmacher enthält und hitzebeständig ist, geben.
3. Anschließend mit einem Vakuumierer oder der Wasserverdrängungsmethode die Luft aus dem Beutel entfernen und luftdicht verschließen.
4. Den marinierten Porree für 15 Minuten im Wasserbad garen.
5. Eine große Pfanne auf eine hohe Temperatur erhitzen und die Porreestückchen mit 2 EL ihrer Soße für 5-6 Minuten anbraten bis sie knusprig sind. Als Beilage servieren und genießen.

# Mediterrane Hähnchenschenkel

2 Portionen – Zubereitungszeit: 3 Stunden 20 Minuten

**Zutaten:**

- 300g Hähnchenkeulen
- 100ml Olivenöl
- 80ml frisch gepresster Limettensaft
- 20g Petersilie, fein geschnitten
- 2 Knoblauchzehen, zerkleinert
- 2/3 EL Cayennepfeffer
- 2/3 TL getrockneter Oregano
- 2/3 TL Meersalz

1. Die Hähnchenkeulen unter kaltem laufenden Wasser waschen und in einem großen Sieb abtropfen lassen.
2. In einer mittelgroßen Schüssel das Olivenöl mit dem Limettensaft, der geschnittenen Petersilie, dem zerkleinerten Knoblauch, dem Cayennepfeffer, dem Oregano und dem Salz vermengen.
3. Die abgetropften Hähnchenkeulen in die Mixtur tauchen, abdecken und für 30 Minuten stehen lassen.
4. Sous-Vide Gerät (kompaktes Wasserbad) oder einen Topf mit Einhänge-Thermostat mit Wasser füllen und auf 80°C erhitzen.
5. Die marinierten Hähnchenschenkel in einen speziellen Vakuumbeutel oder einen Plastikbeutel, der keine Weichmacher enthält und hitzebeständig ist, geben.
6. Anschließend mit einem Vakuumierer oder der Wasserverdrängungsmethode die Luft aus dem Beutel entfernen und luftdicht verschließen.
7. Den Beutel mit dem vakuumierten Gargut 3 Stunden im Wasserbad garen. Servieren und genießen.

# Putenbrust mit Pecannüssen

2 Portionen – Zubereitungszeit: 2 Stunden 25 Minuten

**Zutaten:**

- 300g Putenbrust
- 1/3 TL Zitronenschale
- 35g Pecannüsse, fein geschnitten
- 1/3 TL Thymian, fein geschnitten
- ½ Knoblauchzehe, fein geschnitten
- ½ TL frische Petersilie, fein geschnitten
- 240ml Hühnerbrühe
- 1 TL Olivenöl

1. Sous-Vide Gerät (kompaktes Wasserbad) oder einen Topf mit Einhänge-Thermostat, mit Wasser füllen und auf 65°C erhitzen.
2. Das Fleisch mit kaltem Wasser abspülen und in einem Sieb abtropfen lassen. Anschließend das Fleisch mit der Zitronenschale einreiben und zusammen mit der Hühnerbrühe in einen speziellen Vakuumbeutel oder einen Plastikbeutel, der keine Weichmacher enthält und hitzebeständig ist, geben.
3. Anschließend mit einem Vakuumierer oder der Wasserverdrängungsmethode die Luft aus dem Beutel entfernen und luftdicht verschließen.
4. Den Beutel mit dem vakuumierten Gargut in das Wasserbad tauchen und für zwei Stunden garen.
5. Nach Ablauf der Zeit den Beutel aus dem Wasserbad nehmen und beiseitestellen.
6. Etwas Olivenöl in einer Pfanne erhitzen, den Knoblauch, die Pecannüsse und den Thymian hinzugeben, gut umrühren und für 4-5 Minuten garen.
7. Die gegarte Putenbrust aus dem Beutel nehmen und in der Pfanne mit den Gewürzen anbraten, bis sie auf beiden Seiten goldbraun ist. Warm servieren und genießen.

# Knoblauchhähnchen mit Pilzen

2 Portionen – Zubereitungszeit: 3 Stunden 25 Minuten

**Zutaten:**

- 300g Hähnchenschenkel, ohne Haut
- 150g Pilze nach Wahl, geschnitten
- 80ml Hühnerbrühe
- 1 Knoblauchzehe, zerkleinert
- 4 EL Olivenöl
- ½ TL Zwiebelpulver
- ½ TL Salbei Blätter, getrocknet
- ¼ TL Cayennepfeffer
- ¼ TL schwarzer Pfeffer
- ¼ TL Salz

1. Die Hähnchenschenkel gründlich unter kaltem laufenden Wasser waschen, mit Küchenpapier trocken tupfen und beiseite stellen.
2. In einer großen Pfanne das Olivenöl bei mittlerer Hitze erhitzen, die Hähnchenschenkel auf beiden Seiten für zwei Minuten leicht braun anbraten, aus der Pfanne nehmen und beiseitestellen.
3. Anschließend den Knoblauch in die gleiche Pfanne geben und anbraten, bis er leicht braun ist. Nun die Pilze einrühren, die Hühnerbrühe hinzugeben und das Ganze zum Kochen bringen. Sobald es kocht die Pfanne von der Hitze nehmen und beiseitestellen.
4. Die Hähnchenkeulen mit Salz, Pfeffer, Cayenne-pfeffer und dem Zwiebelpulver würzen und zusammen mit den Pilzen und der Soße in einen speziellen Vakuumbeutel oder einen Plastikbeutel, der keine Weichmacher enthält und hitzebeständig ist, geben.
5. Die Luft aus dem Beutel mit einem Vakuumiergerät oder der Wasserverdrängungsmethode entfernen und luftdicht verschließen.
6. Sous-Vide Gerät (kompaktes Wasserbad) oder einen Topf mit Einhänge-Thermostat mit Wasser füllen und auf 65°C erhitzen.
7. Den Beutel mit dem vakuumierten Gargut in das Wasserbad tauchen und für 3 Stunden garen. Servieren und genießen.

# Gegrillter Hähnchensalat

2 Portionen – Zubereitungszeit: 3 Stunden 30 Minuten

**Zutaten:**

- 4 Stück Hähnchenbrust
- ½ TL gemahlener Kümmel
- 1 TL Koriander
- 1 TL Knoblauchpulver
- 1 EL Zitronensaft
- 200g Mayonnaise
- 2 EL Honigsenf
- 2 EL Olivenöl
- Radieschen, geschnitten
- Gemischter Salat
- Gelbe Paprika, in Streifen geschnitten
- Sonnenblumenkerne
- frische Blaubeeren

1. Sous-Vide Gerät (kompaktes Wasserbad) oder einen Topf mit Einhänge-Thermostat mit Wasser füllen und auf 60°C erhitzen.
2. Das Hähnchen mit Salz und Pfeffer, Kümmel, Koriander und Knoblauchpulver würzen und in einen speziellen Vakuumbeutel oder einen Plastikbeutel, der keine Weichmacher enthält und hitzebeständig ist, geben.
3. Anschließend mit einem Vakuumierer oder der Wasserverdrängungsmethode die Luft aus dem Beutel entfernen und luftdicht verschließen.
4. Den Beutel mit dem vakuumierten Gargut in das Wasserbad tauchen und für drei Stunden garen.
5. Den Zitronensaft, die Mayonnaise, den Honigsenf und das Olivenöl zu einem Dressing verarbeiten und je nach Belieben mit Salz und Pfeffer verfeinern.
6. Nach Ablauf der Kochzeit das Hähnchen aus dem Beutel nehmen und auf dem Grill oder in einer Pfanne auf beiden Seiten für zwei Minuten anbraten.
7. Für den Salat die gewünschte Menge grünen Salat, gelbe Paprika und Radieschen schneiden und in einer Schüssel zu einem bunten Salat vermengen.
8. Den Salat auf zwei Teller verteilen und mit dem selbstgemachten Dressing beträufeln.
9. Zuletzt das Hähnchen auf dem Salat drapieren, die Kerne und die Blaubeeren darüber streuen und servieren.

# Kräuter Schweinefilet

2 Portionen – Zubereitungszeit: 2 Stunden 20 Minuten

**Zutaten:**

- 225g geschnittenes Schweinefleisch
- ½ TL frischer Rosmarin
- ½ TL frische Petersilie
- ½ TL frisches Basilikum
- 1 TL ungesalzene Butter
- Salz und Pfeffer

1. Sous-Vide Gerät (kompaktes Wasserbad) oder einen Topf mit Einhänge-Thermostat, zur Kontrolle der Wassertemperatur, mit Wasser füllen und auf 57°C erhitzen.
2. Das Schweinefleisch mit den frischen Kräutern und Salz und Pfeffer würzen bevor es zusammen mit einem Löffel Butter in einen speziellen Vakuumbeutel oder einen Plastikbeutel, der keine Weichmacher enthält und hitzebeständig ist, gelegt wird.
3. Anschließend mit einem Vakuumierer oder der Wasserverdrängungsmethode die Luft aus dem Beutel entfernen und luftdicht verschließen.
4. Den Beutel mit dem vakuumierten Gargut in das Wasserbad tauchen und für zwei Stunden garen.
5. Nach Ablauf der Zeit das Fleisch aus dem Beutel nehmen und restlichen Beutelinhalt in einer Pfanne bei mittlerer Hitze erhitzen.
6. Das im Vakuum gegarte Schweinefleisch in die Pfanne geben, von beiden Seiten anbraten und erneut etwas Butter hinzugeben.
7. Das Schweinefleisch vor dem Servieren für 5 Minuten abkühlen lassen.

# Pesto Hähnchen

2 Portionen – Zubereitungszeit: 2 Stunden 20 Minuten

**Zutaten:**

- 2 Hähnchenbrüste
- 2 Bund Basilikum
- 30g geröstete Pinienkerne
- 2 Knoblauchzehen
- 50g frisch geraspelter Pecorino (alternativ kann auch Parmesan verwendet werden)
- 120ml und 1 EL extra natives Olivenöl
- Salz und Pfeffer

1. Sous-Vide Gerät (kompaktes Wasserbad) oder einen Topf mit Einhänge-Thermostat mit Wasser füllen und auf 60°C erhitzen.
2. Die Hähnchenbrust mit Salz und Pfeffer würzen und Seite an Seite in einem speziellen Vakuumbeutel oder einem Plastikbeutel, der keine Weichmacher enthält und hitzebeständig ist, platzieren.
3. Anschließend mit einem Vakuumierer oder der Wasserverdrängungsmethode die Luft aus dem Beutel entfernen und luftdicht verschließen.
4. Den Beutel mit dem vakuumierten Gargut in das Wasserbad tauchen und für eine Stunde garen.
5. Während das Hähnchen gart, die Pinienkerne, das Basilikum und den Knoblauch in eine Küchenmaschine geben oder mit einem Pürierstab in einer Schüssel grob zerkleinern.
6. 120ml Olivenöl in die Küchenmaschine oder die Schüssel geben und das Ganze zu einer glatten Masse verarbeiten.
7. Anschließend den geraspelten Pecorino hinzugeben, alles erneut gut miteinander vermischen und mit Salz und Pfeffer nachwürzen.
8. Nach Ablauf der Zeit das Hähnchen aus dem Beutel nehmen und mit einem Küchenpapier trocken tupfen.
9. Das restliche Olivenöl in eine Pfanne geben und bei mittlerer Hitze erhitzen. Wenn das Öl heiß ist das Hähnchen von beiden Seiten anbraten.
10. Das Hähnchen aus der Pfanne nehmen und für ein paar Minuten abkühlen lassen.
11. Zuletzt die Hähnchenbrust in Stücke schneiden und mit dem selbstgemachten Pesto servieren.

# Balsamico Schweinekotelett

2 Portionen – Zubereitungszeit: 2 Stunden 50 Minuten

**Zutaten:**

- 2 Schweinekoteletts mit Knochen
- 4 TL Balsamicoessig
- 1 TL natives Olivenöl
- Salz und Pfeffer

1. Sous-Vide Gerät (kompaktes Wasserbad) oder einen Topf mit Einhänge-Thermostat, zur Kontrolle der Wassertemperatur, mit Wasser füllen und auf 62°C erhitzen.
2. Das Schweinefleisch in separate spezielle Vakuumbeutel oder Plastikbeutel, die keine Weichmacher enthalten und hitzebeständig sind, geben.
3. Anschließend mit einem Vakuumierer oder der Wasserverdrängungsmethode die Luft aus dem Beutel entfernen und luftdicht verschließen.
4. Die Beutel in das Wasserbad tauchen und für 2 Stunden und 30 Minuten garen.
5. Nach Ablauf der Zeit die Schweinekoteletts aus dem Wasserbad und dem Beutel nehmen und anschließend mit einem Küchentuch trocken tupfen.
6. In einer Pfanne etwas Öl bei hohen Temperaturen erhitzen, die Koteletts mit Salz und Pfeffer würzen und jedes Stück in der heißen Pfanne von beiden Seiten anbraten.
7. Wenn beide Koteletts angebraten sind den Balsamico hinzugeben und zusammen mit dem Fleisch kurz aufkochen. Dabei das Fleisch regelmäßig mit dem Balsamico übergießen. Die fertigen Koteletts mit der Balsamicoessigsoße servieren.

# Rinderbrust

2 Portionen – Zubereitungszeit: 24 Stunden 30 Minuten

**Zutaten:**

- 450g Rinderbrust
- 2 Karotten, geschält und geschnitten
- 1 Zwiebel, grob geschnitten
- 1 Selleriestange, grob geschnitten
- 4 frische Thymian Zweige
- 2 EL ungesalzene Butter
- 2 Knoblauchzehen, geschält
- 1 Lorbeerblatt
- Salz und frisch gemahlener Pfeffer
- Barbecue Soße zum servieren

1. Sous-Vide Gerät (kompaktes Wasserbad) oder einen Topf mit Einhänge-Thermostat, zur Kontrolle der Temperatur, mit Wasser füllen und auf 85°C erhitzen.
2. Alle Zutaten außer die Barbecue Soße in einen speziellen Vakuumbeutel oder einen Plastikbeutel, der keine Weichmacher enthält und hitzebeständig ist, geben.
3. Anschließend mit einem Vakuumierer oder der Wasserverdrängungsmethode die Luft aus dem Beutel entfernen und luftdicht verschließen.
4. Den Beutel mit dem vakuumierten Gargut in das Wasserbad tauchen und mit Folie überdecken um die Wasserverdunstung zu minimieren.
5. Die Rinderbrust für 24 Stunden im Wasserbad garen. Dabei ist darauf zu achten, dass fortwährend Wasser nachgefüllt wird damit der Wasserspiegel im Kocher möglichst gleich bleibt.
6. Nach Ablauf der Zeit das Fleisch aus dem Bad nehmen und die überschüssige Flüssigkeit und das Gemüse entfernen.
7. Die Rinderbrust mit einem Küchentuch trocken tupfen, auf ein Schneidebrett legen und für 5-10 Minuten stehen lassen.
8. Zuletzt die Rinderbrust in beliebig große Stücke schneiden und servieren.

# Rindfleischsalat

2 Portionen – Zubereitungszeit: 1 Stunde 45 Minuten

**Zutaten:**

- 300g Flank Steak (Bavette)
- Salz und frisch gemahlener schwarzer Pfeffer
- 1 EL Olivenöl
- 40g Romana Salat
- 50g Cherry Tomaten, halbiert
- 15g Schalotten, geschält und geschnitten
- 40g Walnüsse, geröstet und geschnitten
- 20g Blauschimmelkäse, zerkrümelt
- 2 Knoblauchzehen, gehackt
- 1 TL frischer Rosmarin, geschnitten
- 3 EL extra natives Olivenöl
- 2 EL Rotweinessig

1. Sous-Vide Gerät (kompaktes Wasserbad) oder einen Topf mit Einhänge-Thermostat, zur Kontrolle der Temperatur, mit Wasser füllen und auf 55°C erhitzen.
2. Das Fleisch mit Salz und Pfeffer würzen, in einen speziellen Vakuumbeutel oder einen Plastikbeutel, der keine Weichmacher enthält und hitzebeständig ist, geben.
3. Anschließend mit einem Vakuumierer oder der Wasser-verdrängungsmethode die Luft aus dem Beutel entfernen und luftdicht verschließen
4. Den Beutel mit dem vakuumierten Gargut in das Wasserbad tauchen und für 1 ½ Stunden im Wasserbad garen.
5. Nach Ablauf der Zeit den Beutel aus dem Wasserbad nehmen, das Fleisch aus dem Beutel holen und die überschüssige Flüssigkeit entsorgen. Mit einem Papiertuch das Fleisch trocken tupfen.
6. In einer Pfanne etwas Öl bei mittlerer Hitze erhitzen und das Fleisch für etwa 1 Minute auf beiden Seiten anbraten. Das Steak abkühlen lassen. Anschließend das Steak in dünne Scheiben schneiden.Für den Salat die geschnittenen Steakscheiben und die restlichen Zutaten in einer großen Schüssel miteinander vermengen.
8. In einer anderen Schale den Knoblauch, den Rosmarin, das extra native Olivenöl, den Rotweinessig, Salz und Pfeffer je nach Belieben zu einem Dressing verarbeiten.
9. Das Dressing über den Salat in der großen Schüssel geben und alles gut miteinander vermengen, um das Dressing zu verteilen. Salat sofort servieren und genießen.

# Rindertortillas

2 Portionen – Zubereitungszeit: 3 Stunden 45 Minuten

**Zutaten:**

- 1 Rib-Eye-Steak vom Rind
- 2 TL extra natives Olivenöl
- 2 TL griechischer Joghurt
- 1 TL Gurke, gewürfelt
- 1 TL Zitronensaft
- 2 große Tortillas
- 4 rote Zwiebelringe
- 2 mittelgroße Tomaten, geschnitten
- Salz und Pfeffer

1. Sous-Vide Gerät (kompaktes Wasserbad) oder einen Topf mit Einhänge-Thermostat, zur Kontrolle der Wassertemperatur, mit Wasser füllen und auf 54°C erhitzen.
2. Das Fleisch zusammen mit dem Olivenöl in einen speziellen Vakuumbeutel oder einen Plastikbeutel, der keine Weichmacher enthält und hitzebeständig ist, geben.
3. Anschließend mit einem Vakuumierer oder der Wasserverdrängungsmethode die Luft aus dem Beutel entfernen und luftdicht verschließen.
4. Den Beutel in das Wasserbad tauchen und für 3 Stunden und 30 Minuten garen.
5. Währenddessen in einer Schüssel den Joghurt, die Gurke, den ZItronensaft, Salz und Pfeffer gut vermischen und die entstandene Mixtur in den Kühlschrank stellen.
6. Nach Ablauf der Zeit das Fleisch aus dem Wasserbad und dem Beutel nehmen und mit einem Küchentuch trocken tupfen.
7. Eine beschichtete oder eingefettete Pfanne bei mittlerer Hitze erhitzen und das Steak für ca. 30 Sekunden von beiden Seiten anbraten.
8. Das Fleisch anschließend für 5 Minuten abkühlen lassen und in dünne Streifen schneiden.
9. Die Tortillas gleichmäßig mit den Fleischstreifen, Tomaten, Zwiebeln und der selbstgemachten Joghurtsoße füllen und servieren.

# Schweinefleischsalat

2 Portionen – Zubereitungszeit: 3 Stunden 30 Minuten

**Zutaten:**

- 2 Schweinekoteletts mit Knochen
- 3 TL extra natives Olivenöl
- 2 TL Weinessig
- 1 TL frischer Zitronensaft
- 2 TL Honig
- 2 TL Pflanzenöl
- 2 Zucchini, in Scheiben geschnitten (längs)
- 2 TL geröstete Pinienkerne

1. Sous-Vide Gerät (kompaktes Wasserbad) oder einen Topf mit Einhänge-Thermostat, zur Kontrolle der Temperatur, mit Wasser füllen und auf 60°C erhitzen.
2. Das Fleisch mit Salz und Pfeffer würzen und zusammen mit dem Olivenöl in einen speziellen Vakuumbeutel oder einen Plastikbeutel, der keine Weichmacher enthält und hitzebeständig ist, geben.
3. Anschließend mit einem Vakuumierer oder der Wasserverdrängungsmethode die Luft aus dem Beutel entfernen und luftdicht verschließen.
4. Den Beutel mit dem vakuumierten Fleisch in das Wasserbad tauchen und für 3 Stunden garen.
5. Währenddessen in einer Schüssel für das Dressing 2 TL Olivenöl, den Zitronensaft, den Weinessig, Salz und Pfeffer gut miteinander vermengen.
6. Nach Ablauf der Garzeit das Fleisch aus dem Wasserbad und den Beutel holen und mit einem Küchentuch die entstandene Kochflüssigkeit abtupfen.
7. Das Pflanzenöl bei mittlerer Hitze in einer Pfanne erhitzen und jedes Kotelett für ungefähr eine Minute darin braten.
8. Die Koteletts abkühlen lassen und anschließend in dünne Stücke schneiden.
9. Die Zucchinischeiben in eine Schüssel legen, mit dem Dressing übergießen und mit Salz und Pfeffer je nach Belieben würzen.
10. Die Zucchinischeiben werden zusammen mit dem geschnittenen Fleisch serviert.
11. Zuletzt kann das Ganze noch mit gerösteten Pinienkernen garniert werden.

# Steak - Garstufe medium well (halbrosa)

2 Portionen – Zubereitungszeit: 1 Stunde 10 Minuten

**Zutaten:**

- 2 Rindersteaks nach Wahl (20mm Dicke)
- Salz und gemahlener Pfeffer
- Marinade nach Wahl (optional)

1. Sous-Vide Gerät (kompaktes Wasserbad) oder einen Topf mit Einhänge-Thermostat, zur Kontrolle der Temperatur im Topf, mit Wasser füllen und auf 60°C erhitzen.
2. Steak mit Salz und Pfeffer je nach Belieben würzen und je nach Bedarf zusätzlich mit einer Marinade einreiben.
3. Steak in einen speziellen Vakuumbeutel oder einen Plastikbeutel, der keine Weichmacher enthält und hitzebeständig ist, geben.
4. Anschließend mit einem Vakuumierer oder der Wasserverdrängungsmethode die Luft aus dem Beutel entfernen und luftdicht verschließen.
5. Den Beutel mit dem vakuumierten Gargut in das Wasserbad tauchen und für 60 Minuten garen.
6. Nach Ablauf der Zeit das Steak aus dem Wasserbad nehmen und in einer Pfanne von außen knusprig anbraten, bis die Außenseite des Steaks karamellisiert ist.
7. Das fertige Steak sollte innen hellrosa sein und kann vor dem Servieren noch einmal mit etwas Salz und Pfeffer bestreut werden. Am besten eignet sich zu einem saftigen Steak ein grüner Salat.

# Steak - Garstufe medium rare (rot bis rosa)

2 Portionen – Zubereitungszeit: 1 Stunde 10 Minuten

**Zutaten:**

- 2 Rindersteaks nach Wahl (20mm Dicke)
- Salz und gemahlener Pfeffer
- Marinade nach Wahl (optional)

1. Sous-Vide Gerät (kompaktes Wasserbad) oder einen Topf mit Einhänge-Thermostat, zur Kontrolle der Temperatur, mit Wasser füllen und auf 54°C (oder 49°C für rare) erhitzen.
2. Steak mit Salz und Pfeffer je nach Belieben würzen und je nach Bedarf zusätzlich mit einer Marinade einreiben.
3. Steak in einen speziellen Vakuumbeutel oder einen Plastikbeutel, der keine Weichmacher enthält und hitzebeständig ist, geben.
4. Anschließend mit einem Vakuumierer oder der Wasserverdrängungsmethode die Luft aus dem Beutel entfernen und luftdicht verschließen.
5. Den Beutel mit dem vakuumierten Gargut ins Wasserbad tauchen und für 60 Minuten garen.
6. Nach 60 Minuten das Steak aus dem Wasserbad nehmen und in einer Pfanne von außen knusprig anbraten, bis die Außenseite des Steaks karamellisiert ist.
7. Das fertige Steak sollte innen rot bis rosa sein und kann vor dem Servieren noch einmal mit etwas Salz und Pfeffer bestreut werden. Am besten eignet sich zu einem saftigen Steak ein grüner Salat.

# Sous-Vide Buttersteak mit grünem Spargel

2 Portionen – Zubereitungszeit: 1 Stunde 45 Minuten

**Zutaten:**

- 2 Sirlion oder Filet Steaks
- 250g frischer grüner Spargel
- Olivenöl
- Salz und gemahlener Pfeffer
- 4 TL Butter

1. Sous-Vide Gerät (kompaktes Wasserbad) oder einen Topf mit Einhänge-Thermostat, zur Kontrolle der Temperatur, mit Wasser füllen und auf 63°C erhitzen.
2. Steaks mit Salz und Pfeffer würzen.
3. Die gewürzten Steaks mit dem grünen Spargel und der Butter in einen speziellen Vakuumbeutel oder einen Plastikbeutel, der keine Weichmacher enthält und hitzebeständig ist, geben
4. Anschließend mit einem Vakuumierer oder der Wasserverdrängungsmethode die Luft aus dem Beutel entfernen und luftdicht verschließen.
5. Den Beutel mit dem vakuumierten Gargut in das Wasserbad tauchen und für 90 Minuten garen.
6. Das Olivenöl in einer Bratpfanne bei mittlerer Hitze erhitzen.
7. Nach Ablauf der Zeit die Buttersteaks und den grünen Spargel aus dem Wasserbad nehmen, die ganze überschüssige Flüssigkeit abtropfen lassen und die Steaks mit dem grünen Spargel für 4 Minuten in der bereits heißen Pfanne anbraten. Die Steaks nach der Hälfte der Zeit einmal wenden und auch den Spargel gelegentlich umrühren.
8. Das Buttersteak mit dem Spargel auf einem Teller mit einer Beilage nach Wahl heiß servieren.

# Cheeseburger

2 Portionen – Zubereitungszeit: 1 Stunde

**Zutaten:**

- 200g Rinderhackfleisch
- 1/3 Zwiebel, fein geschnitten
- 1/3 Knoblauchzehe, sehr fein geschnitten
- 1 kleines Ei, leicht verquirlt
- 1/3 TL Meerrettich Soße
- ½ TL Tomatenmark
- ½ TL gemischte Kräuter
- Salz und Pfeffer
- Salat nach Wahl
- 2 Scheiben Käse

1. Alle Zutaten in einer Schüssel miteinander vermengen und für etwa 10 Minuten zum Ziehen in den Kühlschrank stellen.
2. Sous-Vide Gerät (kompaktes Wasserbad) oder einen Topf mit Einhänge-Thermostat, zur Kontrolle der Temperatur, mit Wasser füllen und auf 66°C erhitzen.
3. Die Fleischmixtur aus dem Kühlschrank nehmen, mit den Händen zu zwei gleich großen Burgern formen und diese für weitere 10 Minuten in den Kühlschrank stellen.
4. Die Burger in einen speziellen Vakuumbeutel oder einen Plastikbeutel, der keine Weichmacher enthält und hitzebeständig ist, geben.
5. Anschließend mit einem Vakuumierer oder der Wasserverdrängungsmethode die Luft aus dem Beutel entfernen und luftdicht verschließen.
6. Den Beutel mit den vakuumierten Burgern in das Wasserbad tauchen und für 30 Minuten garen.
7. Nach Ablauf der Zeit die Burger auf dem Grill oder in einer Pfanne für 2 Minuten anbraten, vor dem wenden eine Scheibe Käse auf die Oberseite der Burger legen und für ein oder zwei weitere Minuten in der Pfanne braten lassen, bis der Käse leicht geschmolzen ist.
8. Die fertigen Rinderburger mit dem geschmolzenen Käse sofort mit Burgerbrötchen, Salat, Ketchup und Senf verfeinern und als saftigen Burger genießen.

# Ochsenbacke

2 Portionen – Zubereitungszeit: 15 Stunden 30 Minuten

**Zutaten:**

- 4 Ochsenbacken, jede etwa 200g
- 1 Flasche Rotwein
- 3 Thymianzweige
- 2 EL braunen Zucker
- 1 TL Salz
- 10 Pfefferkörner
- 2 Schalotten, dünn geschnitten
- 6 Knoblauchzehen, zerkleinert
- 1 Lorbeerblatt
- 470ml Rinderbrühe

- Für die Gewürzmischung:
- 110g Meersalz
- 85g Zucker
- Schale von 2 Zitronen
- Schale von 2 Orangen
- 2 Lorbeerblätter
- 8g Wacholderbeeren, zerkleinert
- 4g schwarzer Pfeffer
- 5g Dill oder Thymian

1. Zuerst wird die Gewürzmischung für die Ochsenbacken vorbereitet. Dazu alle Zutaten vermischen und zu einem feinen, trocknen Pulver verarbeiten.
2. Sous-Vide Gerät (kompaktes Wasserbad) oder einen Topf mit Einhänger-Thermostat, zur Kontrolle der Temperatur, mit Wasser füllen und auf 80°C erhitzen.
3. Für eine schöne Karamellisierung von außen die Ochsenbacken in einer Pfanne anbraten.
4. Die Schalotten, den Knoblauch, das Lorbeerblatt, die Pfefferkörner und den Thymian anbraten, bis die Schalotten lichtdurchlässig sind.
5. Den Wein, den Zucker, das Salz und den Fleischextrakt hinzugeben und alles um die Hälfte reduzieren.
6. Anschließend die Rinderbrühe hinzugeben und um den Geschmack zu intensivieren erneut um die Hälfte reduzieren. Die Soße abkühlen lassen.
8. Die Ochsenbacken und die Soße in einen speziellen Vakuumbeutel oder einen Plastikbeutel, der keine Weichmacher enthält und hitzebeständig ist, geben. Abhängig von der Größe der Ochsenbacken, können diese auch auf separate Beutel verteilt werden.
9. Anschließend mit einem Vakuumierer oder der Wasserverdrängungsmethode die Luft aus dem Beutel entfernen und luftdicht verschließen.
10. Die Beutel mit dem vakuumierten Gargut in das Wasserbad tauchen und für 15 Stunden garen.
11. Darauf achten, dass die ganze Zeit über genügend Wasser in dem Wasserbad ist und gegebenenfalls etwas nachgießen, sobald das Wasser den Beutel nicht vollständig bedeckt.
12. Nach Ablauf der Zeit die Beutel aus dem Wasserbad nehmen und die Ochsenbacken servieren.

# Rinderfilet in Trüffelbutter

2 Portionen – Zubereitungszeit: 45 Minuten

**Zutaten:**

- 2 Rinderfilets, etwa 180g (15mm Dicke)
- ¼ TL Meersalz
- ½ TL Thymianblätter, geschnitten
- 1 EL Trüffelbutter

- Für die Trüffelbutter:
- 200g ungesalzene Butter
- ¼ TL Salz
- ½ TL Thymian
- 25-35g schwarzen Trüffel (je nach Intensität)

1. Um die Trüffelbutter selbst zuzubereiten zuerst die Butter weich werden lassen. Anschließend den Trüffel über die Butter raspeln, Salz und Thymian hinzugeben. Gut miteinander vermengen und in Pergamentpapier einrollen. Die Butter ist im Kühlschrank zwei Wochen und im Tiefkühlschrank ca. 3 Monate haltbar.
2. Sous-Vide Gerät (kompaktes Wasserbad) oder einen Topf mit Einhänge-Thermostat, zur Kontrolle der Wassertemperatur, mit Wasser füllen und auf 56°C vorheizen.
3. Alle Sehnen der Rinderfilets entfernen und die verbliebenen Sehnen freien Filets mit Salz und dem geschnittenen Thymian würzen.
4. Die gewürzten Filets einzeln in einen speziellen Vakuumbeutel oder einen Plastikbeutel, der keine Weichmacher enthält und hitzebeständig ist, zusammen mit der gleichen Menge Trüffelbutter geben.
5. Anschließend mit einem Vakuumierer oder der Wasserverdrängungsmethode die Luft aus dem Beutel entfernen und luftdicht verschließen.
6. Das vakuumierte Fleisch in das Wasserbad tauchen und für 35 Minuten garen.
7. Darauf achten, dass der Beutel die ganze Zeit über vollständig mit Wasser bedeckt ist.
8. Nach Ablauf der Zeit das Rinderfilet aus dem Wasserbad und dem Beutel nehmen und mit einem Küchentuch trocken tupfen.
9. Um den Filets noch etwas mehr Geschmack und Farbe zu geben, können sie zuletzt kurz in einer heißen Pfanne von beiden Seiten angebraten werden. Servieren.

# Würzige Lammfleischbällchen

2 Portionen – Zubereitungszeit: 24 Stunden 30 Minuten

**Zutaten:**

- 500g Lamm, gehackt
- ¾ rote Zwiebel, fein geschnitten
- ¾ Knoblauchzehe, zerkleinert
- ½ rote Chilischote, entkernt und fein geschnitten
- 1 Ei
- ¾ TL mildes Currypulver
- ½ TL Chiliflocken
- 12g Koriander, geschnitten
- ¾ TL geröstete Kümmelsamen, zerkleinert
- ¼ Orangenschale
- ½ TL Paprika
- 25g getrocknete Aprikosen, fein geschnitten
- 12g geröstete Pinienkerne
- ¼ TL Salz
- 1 TL-Spitze weißer gemahlener Pfeffer
- 100ml passierte Tomaten
- 30g rote Linsen
- 50ml Olivenöl

1. Sous-Vide Gerät (kompaktes Wasserbad) oder einen Topf mit Einhänge-Thermostat, zur Kontrolle der Wassertemperatur, mit Wasser füllen und auf 55°C vorheizen.
2. Eine Pfanne mit etwas Öl erhitzen und die Zwiebeln, den Knoblauch und das Chili darin anbraten, bis die Zwiebeln weich und lichtdurchlässig sind.
3. Dann alle Gewürze, die Aprikosen, die Nüsse und die Orangenschale in die Pfanne geben und gemeinsam mit dem restlichen Pfanneninhalt für 10 Minuten anbraten.
4. Das Ganze anschließend zum Abkühlen beiseitestellen.
5. Sobald die Mixtur vollständig abgekühlt ist, kann sie mit dem gehackten Lammfleisch, 1 Ei, Salz und Pfeffer vermengt und in 50g großen Fleischbällchen geformt werden. Die fertigen Fleischbällchen werden auf einem Teller platziert und zum Ziehen lassen in den Kühlschrank gestellt.
7. Zusammen mit den roten Linsen und den passierten Tomaten die geformten Fleischbällchen vorsichtig in einen speziellen Vakuumbeutel oder einen Plastikbeutel, der keine Weichmacher enthält und hitzebeständig ist, geben.
8. Anschließend mit einem Vakuumierer oder der Wasserverdrängungsmethode die Luft aus dem Beutel entfernen und luftdicht verschließen.
9. Den Beutel mit den vakuumierten Lammbällchen in das Wasserbad tauchen und für 24 Stunden garen. Dabei gilt es darauf zu achten, dass der Beutel die ganze Zeit über vollständig mit Wasser bedeckt ist. Gegebenenfalls kann immer etwas Wasser nachgegossen werden.
10. Nach Ablauf der Zeit den Beutel aus dem Wasserbad nehmen und die Lammbällchen warm servieren.

# Lammkeulen

2 Portionen – Zubereitungszeit: 4 Stunden 25 Minuten

**Zutaten:**

- 600g Lammkeule, mit Knochen

Für die Gewürzmischung:

- ¼ TL Kümmel
- ¾ Kardamomkapseln (Alternativ Knoblauch und Zimt ½ TL, oder Ingwer und Zimt ½ TL)
- ¼ TL Koriander
- ¼ TL Zimt
- ¼ TL getrocknete Chiliflocken
- 2-3 Pfefferkörner
- ¼ TL Salz
- ¼ TL Knoblauchpulver
- ¼ TL Zwiebelpulver

1. Sous-Vide Gerät (kompaktes Wasserbad) oder einen Topf mit Einhänge-Thermostat, zur Kontrolle der Wassertemperatur, mit Wasser füllen und auf 65°C erhitzen.
2. Alle Gewürze zu einer Gewürzmischung verarbeiten.
3. Die Lammkeule öffnen und das Innere mit einem Messer schneiden. Die Lammkeulen gründlich mit der Gewürzmischung einstäuben.
4. Das gut gewürzte Lamm in einen speziellen Vakuumbeutel oder einen Plastikbeutel, der keine Weichmacher enthält und hitzebeständig ist, geben.
5. Anschließend mit einem Vakuumierer oder der Wasserverdrängungsmethode die Luft aus dem Beutel entfernen und luftdicht verschließen.
6. Den versiegelten Beutel in das Wasserbad tauchen und für vier Stunden garen.
7. Nach Ablauf der Zeit das Lamm aus dem Beutel nehmen und auf einem Grill oder in einer Grillpfanne anbraten.
8. Das Lamm für 5 Minuten abkühlen lassen, tranchieren und servieren.

# Süße Entenbrust

2 Portionen – Zubereitungszeit: 4 Stunden 10 Minuten

**Zutaten:**

- 170g Entenbrust
- ¼ TL Zimt
- ¼ TL Paprikapulver
- ¼ TL Cayennepfeffer
- 1 TL Honig
- Salz und Pfeffer

1. Sous-Vide Gerät (kompaktes Wasserbad) oder einen Topf mit einem Einhänge-Thermostat, zur Kontrolle der Wassertemperatur auf 57°C erhitzen.
2. Die Entenbrust aus der Packung nehmen, unter kaltem laufendem Wasser abspülen und mit einem Küchentuch trocken tupfen.
3. Die obere Haut in einer Kreuzschraffur leicht einschneiden und dabei sichergehen, dass nur in die Haut und nicht in das Fleisch geschnitten wird. Die Entenbrust mit etwas Salz bestreuen.
4. Eine Pfanne bei hoher Hitze erhitzen und die Entenbrust mit der eingeritzten Haut nach unten für etwa 3-4 Minuten anbraten, bis sie eine goldbraune Textur hat.
5. Die Pfanne von der Hitze nehmen, ein einer kleinen Schüssel die Paprika, den Zimt und den Cayennepfeffer vermengen und anschließend die angebratene Entenbrust gleichmäßig damit würzen (wenn nötig auch noch etwas Salz und Pfeffer hinzufügen).
6. Die gewürzte Entenbrust in einen speziellen Vakuumbeutel oder einen Plastikbeutel, der keine Weichmacher enthält und hitzebeständig ist, zusammen mit dem Honig geben.

7. Anschließend mit einem Vakuumierer oder der Wasserverdrängungsmethode die Luft aus dem Beutel entfernen und luftdicht verschließen.
8. Den gefüllten Beutel in das Wasserbad tauchen und für 3 ½ Stunden garen.
9. Nach Ablauf der Zeit die Entenbrust aus dem Wasserbad und dem Beutel nehmen und trocken tupfen.
10. Erneut eine Pfanne auf hohe Temperaturen erhitzen und die Entenbrust erneut mit der Haut nach unten für 2 Minuten anbraten.
11. Nach 2 Minuten die Entenbrust umdrehen und für 30 Sekunden anbraten.
12. Wenn die Entenbrust fertig gebraten ist für 10 Minuten stehen lassen und anschließend servieren.

# Einfache Hähnchenbrust

2 Portionen – Zubereitungszeit: 1 Stunde 5 Minuten

**Zutaten:**

- 200g Hähnchenbrust
- ½ TL Knoblauchpulver
- Salz und Pfeffer

1. Sous-Vide Gerät (kompaktes Wasserbad) oder einen Topf mit Einhänge-Thermostat, zur Kontrolle der Wassertemperatur, mit Wasser füllen und auf 65°C erhitzen.
2. Hähnchenbrust unter kaltem laufendem Wasser abspülen und mit einem Küchentuch trocken tupfen.
3. Die Hähnchenbrust mit dem Knoblauchpulver, Salz und Pfeffer würzen, wobei es bei Sous-Vide heißt weniger ist mehr. Es kann nach dem garen immer nachgewürzt werden.
4. Die gewürzten Hähnchen in einen speziellen Vakuumbeutel oder einen Plastikbeutel, der keine Weichmacher einhält und hitzebeständig ist, geben.
5. Anschließend mit einem Vakuumierer oder der Wasserverdrängungsmethode die Luft aus dem Beutel entfernen und luftdicht verschließen.
6. Die vakuumierten Hähnchenbrüste in das Wasserbad tauchen und für 1 Stunde oder 2 Stunden, je nach Dicke garen.
7. Nach Ablauf der Zeit die Hähnchenbrust aus dem Wasserbad und dem Beutel nehmen und sofort mit beliebigen Beilagen servieren.

# Ingwer-Marmeladen-Huhn

2 Portionen – Zubereitungszeit: 6 Stunden 10 Minuten

**Zutaten:**

- 450g Hühnchen mit Knochen
- 2 EL vorbereitete Marmelade Ihrer Wahl
- 1 EL gehackter Ingwer
- Salz und Pfeffer

1. Sous-Vide Gerät (kompaktes Wasserbad) oder einen Topf mit Einhänge-Thermostat, zur Kontrolle der Wassertemperatur, mit Wasser füllen und auf 76°C erhitzen.
2. Das Huhn mit Salz und Pfeffer würzen.
3. Alle Zutaten einschließlich dem Huhn in einen speziellen Vakuumbeutel oder einen Plastikbeutel, der keine Weichmacher enthält und hitzebeständig ist, geben.
4. Anschließend mit einem Vakuumierer oder der Wasserverdrängungsmethode die Luft aus dem Beutel entfernen und luftdicht verschließen.
5. Das im Vakuum verpackte Huhn in das Wasserbad tauchen und für 4 Stunden garen.
6. Nach Ablauf der Zeit das Huhn aus dem Wasserbad und dem Beutel nehmen und in eine Backform transferieren. Den Ofen auf 260°C vorheizen.
7. Darauf achten das zwischen dem Huhn und der Hitzequelle im Ofen ungefähr 20cm Abstand sind.
8. Wenn der Ofen die gewünschte Temperatur erreicht hat kann das Huhn im Ofen platziert und für etwa 10 Minuten, bis es eine schöne knusprige, goldene Kruste gebildet hat, im Ofen backen. Das Huhn aus dem Ofen nehmen und servieren.

# Aufregendes Jamaika Hähnchen

4 Portionen – 3 Stunden und 10 Minuten

**Zutaten:**

- 800g Hähnchenflügel
- 2 EL Jamaika Jerk-Gewürzmischung
- ¼ Tasse Petersilie, geschnitten

- Für die Gewürzmischung:
- 2 TL brauner Zucker
- 1 TL Piment (Nelkenpfeffer)
- 1 TL Paprikapulver
- 2 TL Salz
- 2-3 TL Cayennepfeffer
- ½ TL schwarzer Pfeffer
- 2 TL getrockneter Thymian
- ¼ TL Zimt
- ½ Muskatnuss, gemahlen
- 1 EL Knoblauchpulver
- 2 TL Zwiebelpulver
- 2 TL getrocknete Petersilie
- ½ TL getrocknete gehackte rote Paprika

1. Sous-Vide Gerät (kompaktes Wasserbad) oder einen Topf mit Einhänge-Thermostat, zur Kontrolle der Wassertemperatur, mit Wasser füllen und auf 62°C erhitzen.
2. Alle Zutaten für die Gewürzmischung in eine Schüssel oder einen anderen Behälter geben und gut miteinander vermengen.
3. Die Hähnchenflügel mit der Jamaika Jerk-Gewürzmischung in einen speziellen Vakuumbeutel oder einen Plastikbeutel, der keine Weichmacher enthält und hitzebeständig ist, geben.
4. Anschließend mit einem Vakuumierer oder der Wasserverdrängungsmethode die Luft aus dem Beutel entfernen und luftdicht verschließen.
5. Den Beutel mit dem vakuumierten Fleisch in das Wasserbad tauchen und für drei Stunden garen.
6. Nach Ablauf der Zeit die Hähnchenflügel aus dem Wasserbad und dem Beutel holen und mit einem Küchentuch trocken tupfen.
7. Den Grill oder eine Pfanne auf hohe Hitze erhitzen und die Hähnchenflügel darauf platzieren. Die Hitze etwas reduzieren und die Hähnchenflügel anbraten bzw. Grillen, bis sie schön knusprig sind.
8. Das Hähnchen vom Grill bzw. aus der Pfanne nehmen und nach Bedarf mit ein wenig Gewürzmischung bestreuen.
9. Die knusprigen Hähnchenflügel mit etwas Petersilie garnieren und servieren.

# Rind mal anders

2 Portionen – Zubereitungszeit: 48 Stunden 10 Minuten

**Zutaten:**

- 320g gepökeltes Rindfleisch
- 1 mittelgroßer Weißkohl
- Salz und Pfeffer

1. Sous-Vide Gerät (kompaktes Wasserbad) oder einen Topf mit Einhänge-Thermostat, zur Kontrolle der Wassertemperatur, mit Wasser füllen und auf 60°C erhitzen.
2. Das gepökelte Rindfleisch auspacken und mit einem Küchentuch trocken tupfen.
3. Das Fleisch in einen speziellen Vakuumbeutel oder einen Plastikbeutel, der keine Weichmacher enthält und hitzebeständig ist, geben.
4. Anschließend mit einem Vakuumierer oder der Wasserverdrängungsmethode die Luft aus dem Beutel entfernen und luftdicht verschließen. Den Beutel mit dem vakuumierten Gargut in das Wasserbad tauchen und für 48 Stunden garen. Währenddessen den Weißkohl in kleine Quadrate schneiden und den „Kern" entfernen. Aus den Quadraten werden ca. 1,6cm dicke Streifen geschnitten.
7. Nach Ablauf der Zeit den Beutel aus dem Wasserbad nehmen. Eine Pfanne über mittlerer Hitze erhitzen, den im Beutel entstandenen Saft in die Pfanne gießen und zum Kochen bringen.
8. Nun den geschnittenen Kohl hinzugeben, das Ganze erneut zum Kochen bringen und kochen, bis fast die gesamte Flüssigkeit verdampft ist.
9. Den Kohl auf einem Teller drapieren, warten bis die Flüssigkeit vollständig verdampft ist und dann das Rindfleisch mit der fetten Seite nach oben hinzufügen.
10. Das Fleisch von beiden Seiten würzen, in Streifen schneiden und oben auf dem Kohl arrangieren. Servieren.

# Knusprige Masala-Lammkeulen

2 Portionen – Zubereitungszeit: 1 Stunde 40 Minuten

**Zutaten:**

- 340g Lammkeulen
- 1 TL Garam Masala
- ¼ TL Salz
- ¼ TL Pfeffer

1. Sous-Vide Gerät (kompaktes Wasserbad) oder einen Topf mit Einhänge-Thermostat, zur Kontrolle der Wassertemperatur, mit Wasser füllen und auf 57°C erhitzen.
2. Die Lammkeulen großzügig von beiden Seiten mit Salz und Pfeffer würzen.
3. Wenn die Lammkeulen mit Salz und Pfeffer gewürzt wurden können sie mit dem Garam Masala eingerieben werden.
4. Die marinierten Lammkeulen in einen speziellen Vakuumbeutel oder einen Plastikbeutel, der keine Weichmacher enthält und Hitze beständig ist, geben.
5. Anschließend mit einem Vakuumierer oder der Wasserverdrängungsmethode die Luft aus dem Beutel entfernen und luftdicht verschließen. Beim Verschließen ist darauf zu achten, dass das Fleisch zuerst und die Knochen nach oben hin gerichtet sind.
6. Das vakuumierte Lamm in das Wasserbad tauchen und für 1 Stunde und 30 Minuten garen.
7. Nach Ablauf der Zeit das Fleisch aus dem Beutel holen und trocken tupfen.
8. Das Lamm anschließend in einer Pfanne anbraten. Zuletzt das Lamm zwischen den Knochen durchschneiden und servieren.
9. Optional kann das Lamm noch mit etwas Honig beträufelt werden um einen noch intensiveren Geschmack zu erreichen.

# Scharfer Schweinebauch

2 Portionen – Zubereitungszeit: 25 Stunden

**Zutaten:**

- 300g Schweinebauch
- 1/3 Bund Frühlingszwiebeln
- 3 ½ Knoblauchzehen
- 20ml Sojasoße
- 1 getrocknete Chilischote
- Prise weißen Pfeffer
- Öl zum Frittieren

1. Sous-Vide Gerät (kompaktes Wasserbad) oder einen Topf mit Einhänge-Thermostat, zur Kontrolle der Wassertemperatur, mit Wasser füllen und auf 68°C erhitzen.
2. Das Schweinefleisch, den Knoblauch, die grünen Zwiebeln und den weißen Pfeffer in einen speziellen Vakuumbeutel oder einen Plastikbeutel, der keine Weichmacher enthält und hitzebeständig ist, geben.
3. Anschließend mit einem Vakuumierer oder der Wasserverdrängungsmethode die Luft aus dem Beutel entfernen und luftdicht verschließen.
4. Den gefüllten Beutel in das Wasserbad tauchen und für 24 Stunden garen.
5. Nach Ablauf der Zeit das Fleisch aus dem Wasserbad holen und von der entstandenen Flüssigkeit trennen. Die Flüssigkeit in eine Schüssel gießen und das Fleisch mit einem Küchentuch trocken tupfen.
6. Das Fett vom Fleisch trennen und die Flüssigkeit auf 120ml reduzieren.
7. In einer Pfanne etwas Öl erhitzen und 2 Knoblauchzehen mit der Chilischote für etwa eine Minute anbraten.
8. Anschließend die 120ml der zuvor im Wasserbad entstandenen Flüssigkeit mit etwas Honig erweitern bis es dickflüssig ist und Sirup ähnelt.
9. Die Pfanne nun von der Hitze nehmen und eine Fritteuse auf 180°C oder eine Pfanne mit viel Öl erhitzen. Alternativ eignet sich auch eine Heißluftfritteuse.
10. Das Fleisch auf Holzspieße stecken und frittieren, bis es schön knusprig ist. Das frittierte Fleisch mit etwas Soße servieren.

# Würzige Lammkeulen

2 Portionen – Zubereitungszeit: 1 Stunde 5 Minuten

**Zutaten:**

- 350g Lammkeule, getrimmt
- 1 ½ EL flüssiger Honig
- 1 EL Dijon Senf
- ½ TL Weinessig (vorzugsweise Sherry Weinessig)
- 1 Prise
- 1 EL Avocado
- Geröstete Senfkörner und geschnittene Frühlingszwiebeln zum Garnieren

1. Sous-Vide Gerät (kompaktes Wasserbad) oder einen Topf mit Einhänge-Thermostat, zur Kontrolle der Wassertemperatur, mit Wasser füllen und auf 57°C erhitzen.
2. In einer kleinen Schüssel alle Zutaten außer dem Lamm gut miteinander vermischen.
3. Das getrimmte Lamm in einem speziellen Vakuumbeutel oder einem Plastikbeutel, der keine Weichmacher enthält und hitzebeständig ist, platzieren und die zuvor vorbereitete Soße hinzugeben.
4. Anschließend mit einem Vakuumierer oder der Wasserverdrängungsmethode die Luft aus dem Beutel entfernen und luftdicht verschließen.
5. Den verschlossenen Beutel in das Wasserbad tauchen und für eine Stunde garen.
6. Nach Ablauf der Zeit das Lamm aus dem Wasserbad nehmen und auf einen Teller legen.
7. Etwa 2 EL Olivenöl in einer Bratpfanne bei mittlerer Hitze erhitzen.
8. Sobald das Öl in der Pfanne zu flimmern beginnt das Lamm, mit der Seite an der am meisten Fleisch ist nach unten in die Pfanne geben und für zwei Minuten anbraten.
9. Nach zwei Minuten umdrehen und auf der anderen Seite wiederholen.
10. Die Lammkeulen in Koteletts schneiden und mit der im Beutel verbliebenen Soße beträufeln.
11. Zuletzt die Lammkoteletts mit den Frühlingszwiebeln und den gerösteten Senfkörnern garnieren und servieren.

# Sous-Vide Jakobsmuscheln

2 Portionen – Zubereitungszeit: 40 Minuten

**Zutaten:**

- 4-6 frische Jakobsmuscheln
- 1 EL Zitronensaft
- 1 EL Olivenöl
- 1 Knoblauchzehe
- Olivenöl
- Salz und Pfeffer

1. Sous-Vide Gerät (kompaktes Wasserbad) oder einen Topf mit Einhänge-Thermostat, zur Kontrolle der Temperatur, mit Wasser füllen und auf 54°C erhitzen.
2. Die Jakobsmuscheln, 1 EL Zitronensaft und ein wenig Salz und Pfeffer in einen speziellen Vakuumbeutel oder einen Plastikbeutel, der keine Weichmacher enthält und hitzebeständig ist, geben.
3. Anschließend mit einem Vakuumierer oder der Wasserverdrängungsmethode die Luft aus dem Beutel entfernen und luftdicht verschließen
4. Den Beutel mit dem vakuumierten Gargut für 30 Minuten im Wasserbad garen.
5. Ein wenig Olivenöl und den Knoblauch in einer Bratpfanne erhitzen.
6. Die Jakobsmuscheln nach Ablauf der Zeit aus dem Wasserbad nehmen und für 2 Minuten, zusammen mit dem Knoblauch, auf beiden Seiten goldbraun anbraten.
7. Mit frischem Salat servieren und genießen.

# Zitronen-Kräuter-Kabeljau

2 Portionen – Zubereitungszeit: 40 Minuten

**Zutaten:**

- 2 Kabeljaufilets
- 1 kleine Handvoll geschnittene Basilikumblätter
- 1 ½ TL gemischte italienische Kräuter
- 1 EL Zitronensaft
- 1 EL Limettensaft
- 2 EL Olivenöl
- Salz und gemahlener schwarzer Pfeffer

1. Sous-Vide Gerät (kompaktes Wasserbad) oder einen Topf mit Einhänge-Thermostat, zur Kontrolle der Temperatur, mit Wasser füllen und auf 55°C erhitzen.
2. Alle Zutaten außer den Kabeljaufilets vermengen.
3. Den Kabeljau komplett mit der entstandenen Mixtur bedecken.
4. Die „marinierten" Kabeljaufilets in einen speziellen Vakuumbeutel oder einen Plastikbeutel, der keine Weichmacher enthält und hitzebeständig ist, geben.
5. Anschließend mit einem Vakuumierer oder der Wasserverdrängungsmethode die Luft aus dem Beutel entfernen und luftdicht verschließen.
6. Den Beutel mit dem vakuumierten Fisch in das Wasserbad tauchen und für 30 Minuten garen.
7. Nach Ablauf der Zeit die Kabeljaufilets mit frischem Salat servieren und genießen.

# Zitronen-Knoblauch-Chili Garnelen

2 Portionen – Zubereitungszeit: 45 Minuten

**Zutaten:**

- 250g Garnelen, gewaschen und geschält
- 1 Knoblauchzehe, fein geschnitten
- 1 Prise Chiliflocken
- 1 EL Zitronensaft
- Salz und gemahlenen schwarzen Pfeffer

1. Sous-Vide Gerät (kompaktes Wasserbad) oder einen Topf mit Einhänge-Thermostat, zur Kontrolle der Temperatur, mit Wasser füllen und auf 57°C erhitzen.
2. Die Garnelen, den Knoblauch, den Zitronensaft, ein wenig Salz, Pfeffer und eine Prise Chili vermengen.
3. Die gewürzten Garnelen in einen speziellen Vakuumbeutel oder einen Plastikbeutel, der keine Weichmacher enthält und hitzebeständig ist, geben.
4. Anschließend mit einem Vakuumierer oder der Wasserverdrängungsmethode die Luft aus dem Beutel entfernen und luftdicht verschließen.
5. Den Beutel mit den vakuumierten Garnelen in das Wasserbad tauchen und für 30 Minuten garen.
6. Die würzigen Garnelen mit geschnittenen Frühlingszwiebeln als Vorspeise oder mit Reis als Hauptgericht servieren.

# Weißwein Muscheln

2 Portionen – Zubereitungszeit: 1 Stunde 25 Minuten

**Zutaten:**

- 340g frische Muscheln
- 2 EL extra natives Olivenöl
- 100g Zwiebeln, fein geschnitten
- 1 EL frische Petersilie, fein geschnitten
- 2 EL frischer Thymian, geschnitten
- ½ EL geriebene Zitronen-schale
- 180ml trockenen Weiß-wein

1. Es ist wichtig, dass es sich bei den Muscheln um frische Muscheln handelt. Diese nun in eine große, mit kaltem Wasser gefüllte Schüssel geben und das Ganze für 30 Minuten stehen lassen. Auf diese Weise werden sämtliche Rückstände von Sand oder anderem Dreck, der sich noch in der Schale befinden kann, entfernt.
2. Die Muscheln nach 30 Minuten aus dem kalten Wasser nehmen und in einem großen Sieb gut abtropfen lassen. Mit einer schmalen Bürste vorsichtig den restlichen Dreck von den Schalen entfernen, die Muscheln anschließend erneut abspülen und beiseitestellen.
3. Sous-Vide Gerät (kompaktes Wasserbad) oder einen Topf mit Einhänge-Thermostat, zur Kontrolle der Temperatur, mit Wasser füllen und auf 40°C erhitzen.
4. In einer mittelgroßen Pfanne das Olivenöl erhitzen und die Zwiebel anbraten, bis sie lichtdurchlässig sind.
5. Anschließend die Zitronenschale, die Petersilie und den Thymian in die Pfanne zu den Zwiebeln geben, gut umrühren und alles in einen speziellen Vakuumbeutel oder einen Plastikbeutel, der keine Weichmacher enthält und hitzebeständig ist, geben.
6. Den Weißwein und die Muscheln zu dem Rest in den Beutel geben.
7. Anschließend mit einem Vakuumierer oder der Wasser-verdrängungsmethode die Luft aus dem Beutel entfernen und luftdicht verschließen
8. Den Beutel mit dem vakuumierten Gargut in das Wasser-bad tauchen und für 40 Minuten garen.
9. Die fertigen Muscheln mit frischem grünem Salat servieren und genießen.

# Marokkanischer Lachs

2 Portionen – Zubereitungszeit: 55 Minuten

**Zutaten:**

- 450g Wildlachsfilets
- ½ EL frischer Orangensaft
- ½ EL extra natives Olivenöl
- 1 Knoblauchzehe, zerkleinert
- ½ TL gemahlener Koriander
- 1 Prise Kümmel
- ¼ TL gemahlene Paprika
- ¼ TL Cayennepfeffer
- 1 Prise gemahlener Ingwer
- ¼ TL Meersalz

1. Sous-Vide Gerät (kompaktes Wasserbad) oder einen Topf mit einem Einhänge-Thermostat, zur Kontrolle der Temperatur, mit Wasser füllen und auf 50°C erhitzen.
2. Den Wildlachs unter laufendem kalten Wasser gut abspülen, anschließend mit Küchenpapier trocken tupfen, in dünne Stücke schneiden und beiseitestellen.
3. In einer großen Glasschüssel die restlichen Zutaten miteinander vermengen, bis sie gut miteinander vereinigt sind.
4. Die Lachsfilets mit der entstandenen Gewürzmixtur gut einreiben und anschließend in einen speziellen Vakuumbeutel oder einen Plastikbeutel, der keine Weichmacher enthält und hitzebeständig ist, mit der verbliebenen Gewürzmixtur geben.
5. Anschließend mit einem Vakuumierer oder der Wasserverdrängungsmethode die Luft aus dem Beutel entfernen und luftdicht verschließen.
6. Den Beutel mit dem vakuumierten Gargut in das Wasserbad tauchen und für 40 Minuten garen.
7. Den marokkanischen Wildlachs mit gedünstetem Spinat servieren und genießen.

# Tintenfischringe

2 Portionen – Zubereitungszeit: 1 Stunde 25 Minuten

**Zutaten:**

- 400g Tintenfischringe
- ¾ EL frischer Rosmarin
- ¾ TL Salz
- 1/3 TL frisch gemahlener schwarzer Pfeffer
- 80ml extra natives Olivenöl
- 200g grüner Spargel

1. Sous-Vide Gerät (kompaktes Wasserbad) oder einen Topf mit Einhänge-Thermostat, zur Kontrolle der Temperatur, mit Wasser füllen und auf 55°C erhitzen.
2. Die Tintenfischringe, den Rosmarin, das Salz, den Pfeffer und das Olivenöl in einen speziellen Vakuumbeutel oder einen Plastikbeutel, der keine Weichmacher enthält und hitzebeständig ist, geben und ein paar Mal gut schütteln, bis alles gut miteinander vermischt ist.
3. Anschließend mit einem Vakuumierer oder der Wasserverdrängungsmethode die Luft aus dem Beutel entfernen und luftdicht verschließen.
4. Die im Vakuum verpackten Tintenfischringe für 1 Stunde und 10 Minuten im Wasserbad garen. Währenddessen den grünen Spargel kochen.
5. Nach Ablauf der Zeit aus dem Wasser nehmen und mit gebratenen oder gegrilltem grünen Spargel servieren.

# Lachs-Grünkohl-Salat mit Avocado

2 Portionen – Zubereitungszeit: 1 Stunde 30 Minuten

**Zutaten:**

- 340g Lachsfilet, ohne Haut
- 1/3 TL Salz
- Prise schwarzen Pfeffer
- 1/3 Zitrone, entsaftet
- ¾ EL extra natives Olivenöl
- 250g Grünkohlblätter, zerkleinert
- 50g geröstete Süßkartoffel, gewürfelt
- 1/3 Avocado, in kleine Würfel geschnitten
- 1/3 Gurke, in dünne Scheiben geschnitten
- ½ EL frischer Dill
- ½ EL frische Petersilie

1. Sous-Vide Gerät (kompaktes Wasserbad) oder einen Topf mit Einhänge-Thermostat, zur Kontrolle der Temperatur, mit Wasser füllen und auf 50°C erhitzen.
2. Das Lachsfilet mit Salz und Pfeffer auf beiden Seiten würzen, in einen speziellen Vakuumbeutel oder einen Plastikbeutel, der keine Weichmacher enthält und hitzebeständig ist, geben.
3. Anschließend mit einem Vakuumierer oder der Wasserverdrängungsmethode die Luft aus dem Beutel entfernen und luftdicht verschließen.
4. Den Beutel mit dem vakuumierten Lachs für 40 Minuten im Wasserbad garen.
5. Nach Ablauf der Zeit den Lachs aus dem Wasserbad nehmen und zum Abkühlen beiseitestellen.
6. Den Zitronensaft mit einer Prise Salz und Pfeffer in einer Schüssel miteinander verquirlen und unter ständigem Rühren nach und nach das Olivenöl hinzugeben.
7. Anschließend den zerkleinerten Grünkohl hinzugeben und alles vermengen, bis der Grünkohl komplett mit der Vinaigrette bedeckt ist.
8. Zuletzt die gewürfelte Avocado, die geschnittene Gurke, die gerösteten Süßkartoffelwürfel, den Dill und die Petersilie hinzugeben und alles vorsichtig miteinander vermischen.
9. Den Grünkohlsalat in eine Schüssel geben und mit dem Lachs oben drauf servieren.

# Sous-Vide Heilbutt

2 Portionen – Zubereitungszeit: 1 Stunde 20 Minuten

**Zutaten:**

- 230g Heilbuttfilet
- 1 ½ EL extra natives Olivenöl
- 25g Schalotten, fein geschnitten
- ½ TL frisch geraspelte Zitronenschale
- ¼ TL getrockneten Thymian, gemahlen
- ½ EL frische Petersilie, fein geschnitten
- ½ TL frischer Dill, fein geschnitten
- ¼ TL Meersalz
- 1 Prise frisch gemahlener schwarzer Pfeffer

1. Sous-Vide Gerät (kompaktes Wasserbad) oder einen Topf mit Einhänge-Thermostat, zur Kontrolle der Temperatur, mit Wasser füllen und auf 55°C erhitzen.
2. Die Heilbuttfilets unter kaltem laufenden Wasser abwaschen, mit einem Küchentuch trocken tupfen, anschließend in dünne Stückchen schneiden und mit Salz und Pfeffer bestreuen.
3. Die gewürzten Heilbuttstückchen in einen speziellen Vakuumbeutel oder einen Plastikbeutel, der keine Weichmacher enthält und hitzebeständig ist, geben. 1 ½ EL Olivenöl hinzugeben sowie die Schalotten, den Thymian, die Petersilie, den Dill und etwas Salz und Pfeffer.
4. Den Beutel so schütteln, dass die Heilbuttfilets mit den Gewürzen und dem Olivenöl vollständig bedeckt sind.
5. Anschließend mit einem Vakuumierer oder der Wasser-verdrängungsmethode die Luft aus dem Beutel entfernen und luftdicht verschließen.
6. Den Beutel mit dem vakuumierten Gargut in das Wasser-bad tauchen und für 40 Minuten garen.
7. Nach Ablauf der Zeit den Beutel aus dem Wasserbad holen und zum Abkühlen beiseitestellen.
8. Nun die Heilbuttstückchen auf Küchenpapier zum Abtropfen platzieren und die Kräuter entfernen.
9. Das im Beutel verbliebene Öl in einer Pfanne erhitzen und die Filets für 2 Minuten bei mittlerer Hitze anbraten, umdrehen und für weitere 35-40 Sekunden braten.
10. Die Filetstückchen aus der Pfanne nehmen und den Fisch erneut auf Küchenpapier platzieren um das überschüssige Bratenfett aufzusaugen. Den Heilbutt sofort mit frischen Frühlingszwiebeln servieren.

# Scharfer Zitronenwolfsbarsch

2 Portionen – Zubereitungszeit: 1 Stunde 40 Minuten

**Zutaten:**

- 230g Wolfbarsch, geputzt
- 120ml extra natives Olivenöl
- 1 Knoblauchzehe, gehackt
- 20g Zwiebeln, fein geschnitten
- 1 EL frischer Zitronensaft
- ¼ TL gemahlener Ingwer
- ¼ TL zerquetschter roter Pfeffer
- 1/3 TL Meersalz
- ¼ TL fein geriebene Zitronenschale

1. Den Seebarsch gründlich unter kaltem laufendem Wasser waschen, mit Küchenpapier trocken tupfen und beiseitestellen.
2. Alle anderen Zutaten in einer mittelgroßen Schüssel gut miteinander vermischen, bis sie eine Marinade ergeben.
3. Anschließend den Fisch auf einem schmalen Stück Backpapier platzieren und mit der zuvor vorbereiteten Marinade beträufeln.
4. Den marinierten Fisch für etwa 1 Stunde in den Kühlschrank stellen und alle 15-20 Minuten erneut mit der Marinade einpinseln, bevor er gekocht wird.
5. Währenddessen den Sous-Vide Garer (kompaktes Wasserbad) oder einen Topf mit Einhänge-Thermostat, zur Kontrolle der Temperatur, mit Wasser füllen und auf 50°C erhitzen.
6. Den Fisch in einen speziellen Vakuumbeutel oder einen Plastikbeutel, der keine Weichmacher enthält und hitzebeständig ist, geben.
7. Den Beutel mit dem vakuumierten Fisch in das Wasserbad tauchen und für 40 Minuten garen.
8. Ungefähr 2 TL von der Marinade in eine große Pfanne geben, bei mittlerer Hitze erhitzen und den gegarten Fisch für etwa 2 Minuten anbraten, bis er leicht knusprig von außen ist. Sofort mit frischen Tomaten oder Zwiebeln servieren.

## Fisch und Meeresfrüchte

# Tintenfisch mit Gemüse

2 Portionen – Zubereitungszeit: 5 Stunden 20 Minuten

**Zutaten:**

- 450g Tintenfisch, geschnitten
- 20g Karotten, geschnitten
- 15g fein geschnittene Zwiebel
- 20g Sellerie, geschnitten
- ½ TL getrockneter Thymian, gemahlen
- ½ TL Meersalz
- ¼ TL frisch gemahlener schwarzer Pfeffer
- ½ TL Apfelweinessig
- 60ml Fischbrühe
- 1 ½ EL extra natives Olivenöl
- 1 EL frischer Rosmarin, fein geschnitten

1. Den Tintenfisch unter kaltem laufendem Wasser waschen, mit einem scharfen Messer die Tentakeln entfernen, in mundgroße Stücke schneiden und anschließend für 2 Minuten in einen Topf mit kochendem Wasser geben.
2. Nach Ablauf der 2 Minuten den Tintenfisch von der Hitze nehmen, abtropfen lassen, erneut mit kaltem Wasser abspülen und beiseitestellen.
3. Die Karotten, die Zwiebel und den Sellerie in einem tiefen Topf mit Wasser bedecken, das Wasser zum Kochen bringen und das Gemüse für 13-15 Minuten darin kochen. Nach Ablauf der 13-15 Minuten das Gemüse abtropfen lassen und beiseitestellen.
5. Sous-Vide Gerät (kompaktes Wasserbad) oder einen Topf mit Einhänge-Thermostat, zur Kontrolle der Temperatur, mit Wasser füllen und auf 85°C erhitzen.
6. Den Tintenfisch zusammen mit dem Olivenöl, dem Rosmarin, dem Apfelweinessig und der Fischbrühe in einen speziellen Vakuumbeutel oder einen Plastikbeutel, der keine Weichmacher enthält und hitzebeständig ist, geben.
7. Den Beutel mit den Zutaten ein paar Mal schütteln um alles gut miteinander zu vermengen.
8. Anschließend mit einem Vakuumierer oder der Wasserverdrängungsmethode die Luft aus dem Beutel entfernen und luftdicht verschließen.
9. Den Beutel mit dem vakuumierten Tintenfisch in das Wasserbad tauchen und für 4 Stunden garen.
10. Nach Ablauf der Zeit den Beutel aus dem Wasserbad nehmen und in eiskaltem Wasser abkühlen lassen.
11. Den Tintenfisch mit der entstandenen Flüssigkeit aus dem Beutel in eine große Pfanne geben, das Gemüse hinzugeben und zusammen für 5 Minuten anbraten, dabei gelegentlich umrühren. Servieren und genießen.

# Lachs und grüner Spargel

2 Portionen – Zubereitungszeit: 3 Stunden 15 Minuten

**Zutaten:**

- 180g Wildlachsfilet
- ½ TL Olivenöl
- ½ TL getrockneter Oregano
- 5 mittelgroße grüne Spargelspitzen
- ½ Zwiebel, in Ringe geschnitten
- Prise Salz und Pfeffer

1. Sous-Vide Gerät (kompaktes Wasserbad) oder einen Topf mit Einhänge Thermostat, zur Kontrolle der Temperatur, mit Wasser füllen und auf 58°C erhitzen.
2. Das Wildlachsfilet mit dem Oregano, Salz und Pfeffer von beiden Seiten würzen und mit Olivenöl bestreichen.
3. Den Fisch in einen speziellen Vakuumbeutel oder einen Plastikbeutel, der keine Weichmacher enthält und hitzebeständig ist, zusammen mit den restlichen Zutaten geben.
4. Anschließend mit einem Vakuumierer oder der Wasserverdrängungsmethode die Luft aus dem Beutel entfernen und luftdicht verschließen.
5. Das vakuumierte Gargut in das Wasserbad tauchen und für 3 Stunden garen.
6. Servieren und Genießen.

# Thunfischsteaks mit Kräutermarinade

2 Portionen – Zubereitungszeit: 1 Stunde 30 Minuten

**Zutaten:**

- 360g Thunfischsteaks, ca. 2 ½ cm dick
- ¼ TL getrockneten Thymian, gemahlen
- ¼ TL frisches Basilikum, fein geschnitten
- 20g fein geschnittene Schalotten
- ¼ EL frische Petersilie, fein geschnitten
- ¼ EL frischer Dill, fein geschnitten
- ¼ TL frisch geraspelte Zitronenschale
- 60g Sesamsamen
- ½ EL Olivenöl
- 1 Prise Meersalz
- 1 Prise frisch gemahlener schwarzer Pfeffer

1. Die Thunfischfilets unter kaltem laufenden Wasser waschen, anschließend mit Küchenpapier trocken tupfen und beiseite stellen.
2. In einer großen Schüssel, den Thymian, das Basilikum, die Schalotten, die Petersilie, den Dill, das Öl, Salz und Pfeffer miteinander vermischen, bis eine ebene Marinade entsteht.
3. Die Thunfischfilets in die Schüssel geben, von allen Seiten mit der Marinade bedecken und für 30 Minuten in den Kühlschrank stellen bevor sie gekocht werden.
4. Die marinierten Thunfischsteaks in einen speziellen Vakuumbeutel oder einen Plastikbeutel, der keine Weichmacher enthält und hitzebeständig ist, geben.
5. Anschließend mit einem Vakuumierer oder der Wasserverdrängungsmethode die Luft aus dem Beutel entfernen und luftdicht verschließen.
6. Sous-Vide Gerät (kompaktes Wasserbad) oder einen Topf mit Einhänge-Thermostat, zur Kontrolle der Temperatur, mit Wasser füllen und auf 55°C erhitzen.
7. Den Beutel mit dem vakuumierten Gargut in das Wasserbad tauchen und für 40 Minuten garen.
8. Nach Ablauf der Zeit die Steaks aus dem Beutel nehmen, auf Küchenpapier legen, vorsichtig trocken tupfen und die Kräuter entfernen.
9. Eine große beschichtete Pfanne bei mittlerer Hitze erhitzen.
10. Die Thunfischsteaks in den Sesamsamen rollen und anschließend in der heißen Pfanne für eine Minute von beiden Seiten anbraten. Servieren und genießen.

# Krabbenpasteten

2 Portionen – Zubereitungszeit: 1 Stunde 10 Minuten

**Zutaten:**

- 230g Krabbenfleisch
- 30g rote Zwiebel, gewürfelt
- 40g rote Paprika, gewürfelt
- 1 EL Chilischote, fein geschnitten
- ½ TL Sellerieblätter, gewürfelt
- ½ TL Petersilie, geschnitten
- ¼ TL Estragon, geschnitten
- ½ TL Salz
- ¼ TL schwarzen Pfeffer
- 2 EL Olivenöl
- 1 EL Mandelmehl
- 1 ½ Eier

1. Eine große Pfanne mit Olivenöl einfetten und bei mittlerer Hitze die Zwiebeln anbraten bis sie lichtdurchlässig sind.
2. Die rote Paprika und die geschnittene Chilischote hinzugeben und für 5 Minuten unter ständigem Rühren anbraten.
3. Die Pfanne von der Hitze nehmen und den Inhalt in eine große Schüssel geben.
4. Das Krabbenfleisch, den Sellerie, die Petersilie, den Estragon, das Salz, den Pfeffer, das Mandelmehl und die Eier hinzugeben. Alles gut miteinander vermischen und die entstandene Mixtur zu 5cmx5cm großen Pasteten formen.
5. Die fertigen Pasteten in einen speziellen Vakuumbeutel oder einen Plastikbeutel, der keine Weichmacher enthält und hitzebeständig ist, geben.
6. Anschließend mit einem Vakuumierer oder der Wasserverdrängungsmethode die Luft aus dem Beutel entfernen und luftdicht verschließen.
7. Sous-Vide Gerät (kompaktes Wasserbad) oder einen Topf mit Einhänge-Thermostat, zur Kontrolle der Temperatur, mit Wasser füllen und auf 50°C erhitzen.
8. Den Beutel mit dem vakuumierten Gargut in das Wasserbad tauchen und für 40 Minuten garen.
9. Nach Ablauf der Zeit, etwas Olivenöl in einer Pfanne erhitzen und die Pasteten für 3-4 Minuten von beiden Seiten anbraten, bis sie braun sind.
10. Die fertigen Pasteten warm servieren.

# Kabeljaueintopf mit Basilikum

2 Portionen – Zubereitungszeit: 50 Minuten

**Zutaten:**

- 230g Kabeljaufilet, geschnitten
- 80g Tomaten
- ½ EL Basilikum, getrocknet
- 120ml Fischbrühe
- 1 EL Tomatenmark
- 1 ½ Selleriestangen, fein geschnitten
- ½ mittelgroße Karotte, geschnitten
- 30ml Olivenöl
- ½ mittelgroße Zwiebel, fein geschnitten
- 1 Knoblauchzehe, zerkleinert
- 25g Champignons

1. Sous-Vide Gerät (kompaktes Wasserbad) oder einen Topf mit Einhänge-Thermostat, zur Kontrolle der Temperatur, mit Wasser füllen und auf 50° erhitzen.
2. Das Olivenöl in einer großen Pfanne bei mittlerer Hitze erhitzen und den geschnittenen Sellerie, die Zwiebel und die Karotten für 10 Minuten unter ständigem Rühren anbraten.
3. Das leicht angebratene Gemüse mit den restlichen Zutaten in einen speziellen Vakuumbeutel oder einen Plastikbeutel, der keine Weichmacher enthält und hitzebeständig ist, geben.
4. Anschließend mit einem Vakuumierer oder der Wasserverdrängungsmethode die Luft aus dem Beutel entfernen und luftdicht verschließen.
5. Den Beutel mit dem vakuumierten Gargut in das Wasserbad tauchen und für 40 Minuten garen.
6. Die Suppe heiß servieren und genießen.

# Honiglachs

2 Portionen – Zubereitungszeit: 7 Stunden 20 Minuten

**Zutaten:**

- 300g Lachs
- ¼ EL Mayonnaise
- ½ EL Honig
- ¼ EL Butter
- 1 Prise Salz
- ½ TL Olivenöl
- ¼ EL Sojasoße
- ½ TL gehackter Knoblauch
- 1 TL Schmand

1. Den Lachs in eine Schüssel geben, mit Salz und dem gehackten Knoblauch bestreuen und vorsichtig umrühren.
2. Anschließend die Mayonnaise, die Sojasoße und den Schmand hinzugeben und den Fisch für 15 Minuten darin stehen lassen.
3. Sous-Vide Gerät (kompaktes Wasserbad) oder einen Topf mit Einhänge-Thermostat, zur Kontrolle der Temperatur, mit Wasser füllen und auf 85°C erhitzen.
4. Den Lachs in einen speziellen Vakuumbeutel oder einen Plastikbeutel, der keine Weichmacher enthält und hitzebeständig ist, geben.
5. Anschließend mit einem Vakuumierer oder der Wasserverdrängungsmethode die Luft aus dem Beutel entfernen und luftdicht verschließen.
6. Den Beutel mit dem vakuumierten Gargut in das Wasserbad tauchen und für 7 Stunden garen.
7. Die Butter in einer Pfanne zum Schmelzen bringen, den Honig hinzugeben und vorsichtig umrühren. Nach Ablauf der Zeit den Lachs aus dem Wasserbad nehmen.
8. Den Fisch in die vorgeheizte Pfanne mit der Honigmixtur geben und für 4 Minuten auf jeder Seite anbraten, bis er goldbraun ist.
9. Den Fisch in Servierportionen schneiden und sofort servieren.

# Koriander-Forelle

2 Portionen – Zubereitungszeit: 1 Stunde 15 Minuten

**Zutaten:**

- 230g Forelle
- ½ EL Currypulver
- ½ TL Oregano
- ½ EL Paprikapulver
- ½ TL gehackter Knoblauch
- ½ EL Fischsoße
- ½ TL Koriander
- ¼ TL Thymian
- ½ rote Zwiebel
- ½ TL Butter

1. Sous-Vide Gerät (kompaktes Wasserbad) oder einen Topf mit Einhänge-Thermostat, zur Kontrolle der Temperatur, mit Wasser füllen und auf 53°C erhitzen.
2. Das Currypulver, den Oregano, das Paprikapulver, den gehackten Knoblauch, den Koriander und den Thymian in einer Schüssel miteinander vermengen und vorsichtig umrühren.
3. Die Forelle in zwei gleichgroße Stücke teilen und beide mit der Currymixtur einreiben. Die Zwiebel schälen und schneiden.
4. Zwei spezielle Vakuumbeutel oder Plastikbeutel, die keine Weichmacher enthalten und hitzebeständig sind, mit jeweils einem marinierten Forellenstück füllen.
5. Die geschnittene Zwiebel zu gleichen Teilen auf die zwei Beutel verteilen.
6. Anschließend mit einem Vakuumierer oder der Wasserverdrängungsmethode die Luft aus dem Beutel entfernen und luftdicht verschließen.
7. Die Beutel mit den vakuumierten Forellen in das Wasserbad tauchen und für 55 Minuten garen.
8. Die Butter in einer Bratpfanne erhitzen, die Forellen aus den Beuteln nehmen und zu der Butter in die Pfanne geben.
9. Die Forellen für 4 Minuten bei mittlerer Hitze in der Pfanne garen, das Ganze dabei oft umrühren. Heiß servieren und genießen.

# Rotkohltintenfisch

2 Portionen – Zubereitungszeit: 8 Stunden 30 Minuten

**Zutaten:**

- ½ Tintenfisch
- 1 Thymianzweig
- 40ml Olivenöl
- 1 Rosmarinzweig
- 300g Rotkohl, püriert
- 1 Prise Meersalz

1. Die Augen, die Tentakeln und den Schnabel des Tintenfischs entfernen und das übrige Fleisch gut abwaschen.
2. Den Tintenfisch anschließend mit einem Küchentuch trocken tupfen und zusammen mit dem Rotkohlpüree in einen verschließbaren Behälter geben. Dabei ist darauf zu achten das der Tintenfisch vollständig mit dem Rotkohlpüree bedeckt ist. Den geschlossenen Behälter für 24 Stunden in den Kühlschrank stellen.
3. Sous-Vide Gerät (kompaktes Wasserbad) oder einen Topf mit Einhänge-Thermostat, zur Kontrolle der Temperatur, mit Wasser füllen und auf 75°C erhitzen.
4. Nach 24 Stunden den Tintenfisch aus dem Kühlschrank nehmen, unter kalt laufendem Wasser abspülen und anschließend trocken tupfen.
5. Den Tintenfisch zusammen mit dem Thymian, dem Olivenöl, dem Meersalz und dem Rosmarin in einen doppelten speziellen Vakuumbeutel oder einen Plastikbeutel, der keine Weichmacher enthält und hitzebeständig ist, geben.
6. Anschließend mit einem Vakuumierer oder der Wasserverdrängungsmethode die Luft aus dem Beutel entfernen und luftdicht verschließen. Den Beutel mit dem vakuumierten Gargut in das Wasserbad tauchen und für 8 Stunden garen.
8. Nach Ablauf der Zeit den Tintenfisch aus dem Beutel nehmen und die verbliebene Flüssigkeit entsorgen. Lose Haut entfernen, wenn welche da ist. Dabei sicherstellen das die Sauger dabei nicht ein- oder abreißen.
9. Etwas Öl in einer Pfanne erhitzen, den Tintenfisch nach Belieben würzen und für ein paar Minuten anbraten, bis sich eine knusprige äußere Schicht gebildet hat.

# Garnelen Kürbissuppe

4 Portionen – Zubereitungszeit: 55 Minuten

**Zutaten:**

- 12-14 große Shrimps, geschält und entdarmt
- 1 EL Butter oder Öl
- Salz und Pfeffer
- 450g Speisekürbis
- 1 EL Zitronensaft
- 2 Zwiebeln, geschnitten
- 1 oder 2 kleine rote Chilischoten, fein geschnitten
- 1 Zitronengraszweig, nur den weißen Teil geschnitten (optional)
- 1 TL Garnelenpaste (optional)
- 1TL Zucker
- 360ml Kokosmilch
- 1 TL Tamarind Paste, alternativ Worcestersoße
- 240ml Wasser
- 120ml Kokoscreme (auch als Cream of Coconut erhältlich)
- 1 EL asiatische Fischsoße
- 2 EL Basilikum, geschnitten

1. Sous-Vide Gerät (kompaktes Wasserbad) oder einen Topf mit Einhänge-Thermostat, zur Kontrolle der Wassertemperatur, mit Wasser füllen und auf 57°C erhitzen.
2. Die Shrimps mit einem EL Butter oder Öl, etwas Salz und Pfeffer in einen speziellen Vakuumbeutel oder einen Plastikbeutel, der keine Weichmacher enthält und hitzebeständig ist, geben.
3. Anschließend mit einem Vakuumierer oder der Wasserverdrängungsmethode die Luft aus dem Beutel entfernen und luftdicht verschließen.
4. Den Beutel mit dem vakuumierten Gargut für 15-25 Minuten garen.
5. Währenddessen den Kürbis schälen, die Kerne entfernen und das Fleisch des Kürbisses in gleich große Stücke schneiden. Die entfernten Kürbiskerne können mit etwas Kanolaöl und Salz im Ofen bei 150°C für 10 -20 Minuten geröstet werden, bis sie anfangen braun zu werden. Die gerösteten Kürbiskerne können später über die fertige Suppe gestreut werden.
6. In einer Küchenmaschine oder mit einem Pürierstab die Zwiebeln, die Chilischoten, das Zitronengras, die Shrimppaste und ca. die Hälfte der Kokosmilch miteinander vermengen, bis sie eine ebene Mixtur ergeben.

7. In einem großen Topf das Zwiebelpüree mit der restlichen Kokosmilch, dem Tamarind und dem Wasser gut vermischen.
8. Den Kürbis zu den anderen Zutaten in einen Topf geben und alles zum Kochen bringen. Sobald es kocht, die Hitze reduzieren, abdecken und garen, bis der Kürbis anfängt weich zu werden (nach etwa 10 Minuten).
9. Nach Ablauf der Garzeit, die Garnelen aus dem Wasserbad nehmen und in den Topf zu der Suppe geben.
10. Die Kokoscreme, den Zitronensaft und das Basilikum unterrühren und die Suppe mit frischem Brot und den zuvor gerösteten Kürbiskernen servieren.

# Gebeizter Lachs mit roter Bete

2 Portionen – Zubereitungszeit: 2 Stunden

**Zutaten:**

- Eine Hälfte von einem ganzen Lachs, Gräten entfernt und getrimmt
- 225g Salz
- 225g Zucker
- Samen eines ganzen Sternanises
- ½ Zitrone, entsaftet und geschält
- ½ Limette, entsaftet und geschält
- ½ Orange, entsaftet und geschält
- 1 TL Koriandersamen
- Olivenöl
- 2 mittelgroße rote Beete Knollen
- 1 frischen Thymianzweig
- 120ml Rotweinessig

1. Sous-Vide Gerät (kompaktes Wasserbad) oder einen Topf mit Einhänge-Thermostat, zur Kontrolle der Wassertemperatur, mit Wasser füllen und auf 46°C erhitzen.
2. Den Zucker, das Salz, die Samen der Sternanis, Zitronen-, Limetten- und Orangensaft und jeweils etwas von der Schale, die Koriandersamen und das Olivenöl in einen Container geben und gut miteinander vermengen, bis eine ebenmäßige Textur entsteht.
3. Die Hälfte der entstandenen Mixtur in eine Schüssel geben, den Lachs anschließend in den Container zu der verbliebenen Hälfte der Mixtur geben, gleichmäßig mit der Mixtur bedecken, den Container schließen und für 35 Minuten ziehen lassen.
4. Den Lachs anschließend unter kaltem, laufenden Wasser abspülen und mit einem Küchentuch trocken tupfen. Nun den Lachs in einen speziellen Vakuumbeutel oder einen Plastikbeutel, der keine Weichmacher enthält und hitzebeständig ist, geben und mit Olivenöl bestreichen.
5. Anschließend mit einem Vakuumierer oder der Wasserverdrängungs-methode die Luft aus dem Beutel entfernen und luftdicht verschließen.

6. Den Beutel mit dem vakuumierten Gargut in das Wasserbad tauchen und für 42 Minuten garen.
7. Währenddessen die rote Beete schälen und zusammen mit einem EL Olivenöl und dem Thymian in einen speziellen Plastikbeutel geben und luftdicht mit Hilfe eines Vakuumierers verschließen.
8. Die vakuumierte rote Beete im Dampfbad für 18 Minuten garen und anschließend bei Raumtemperatur abkühlen lassen.
9. Nach Ablauf der Zeit den Beutel mit dem Lachs aus dem Wasserbad nehmen und in eine Schüssel mit Eiswasser tauchen um ein Weiterkochen zu verhindern.
10. Den Rotweinessig vorsichtig in einer Pfanne erhitzen, wenn die Flüssigkeit beginnt weniger zu werden, dann die rote Beete hinzufügen und bei Raumtemperatur abkühlen lassen.
11. Zum Servieren den gebeizten Lachs auf Raumtemperatur erwärmen und vorsichtig auf dem Teller arrangieren und in Abständen das Dressing und die rote Beete hinzugeben.

# Lachsfilet mit Kräutertahini

2 Portionen – Zubereitungszeit: 1 Stunde 20 Minuten

**Zutaten:**

- 360ml Wasser
- 300g Eis
- 115g Kosher Salz, alternativ Meersalz
- 55g Zucker
- 2 Lachsfilets, ohne Haut und Gräten
- 60ml Olivenöl
- 115g Naturjoghurt
- 1 ½ EL Tahini
- ½ Knoblauchzehe, geschnitten
- 1 TL frisch gepresster
- Zitronensaft
- 1 EL Petersilie, fein geschnitten
- 1 EL Minze, fein geschnitten
- ½ Schalotte, fein geschnitten
- ¼ EL geröstete Haselnüsse, fein geschnitten
- ½ EL geröstete Mandeln, fein geschnitten
- ¼ TL geriebene Zitronenschale
- Salz und Pfeffer

1. Zuerst muss eine Salzlake vorbereitet werden, dazu das Wasser mit dem Eis, dem Salz und dem Zucker in einer großen Schüssel vermengen und gut umrühren, bis sich das Salz und der Zucker gelöst haben.
2. Die Lachsfilets anschließend in die Salzlake legen, gut abdecken und für 40 -50 Minuten in den Kühlschrank stellen. Nach der Hälfte der Zeit das Filet umdrehen und das Salzwasser einmal gut umrühren, um sicherzustellen, dass der Fisch gleichmäßig gesalzen ist.
3. Sous-Vide Gerät (kompaktes Wasserbad) oder einen Topf mit Einhänge-Thermostat, zur Kontrolle der Wassertemperatur, mit Wasser füllen und auf 50°C erhitzen.
4. Den Fisch nach Ablauf der Zeit aus der Salzlake nehmen und mit kaltem Wasser abspülen, anschließend mit Salz und Pfeffer würzen und in einen speziellen Vakuumbeutel oder einen Plastikbeutel, der keine Weichmacher enthält und hitzebeständig ist, zusammen mit dem Olivenöl geben.
5. Anschließend mit einem Vakuumierer oder der Wasserverdrängungsmethode die Luft aus dem Beutel entfernen und luftdicht verschließen.
6. Den Beutel mit dem vakuumierten Gargut in das Wasserbad tauchen und für 20 Minuten garen.

7. Für den Tahini-Joghurt den Naturjoghurt, den Tahini, die halbe Knoblauchzehe, den Zitronensaft, Salz und Pfeffer in eine kleine Schüssel geben und gut miteinander vermengen.
8. Für die Gewürzmischung die restlichen Zutaten in eine andere Schüssel geben und gut miteinander vermischen.
9. Nach Ablauf der Zeit den Lachs vorsichtig aus dem Beutel nehmen und auf einen Teller legen.
10. Zum Abschluss einen großen Löffel Tahini-Joghurt auf den Lachs geben und mit der selbstgemachten Gewürzmischung bestreuen. Servieren und genießen.

# Schokoladenmousse

2 Portionen – Zubereitungszeit: 2 Stunden 20 Minuten

**Zutaten:**

- 960ml Vollmilch
- 40ml Weißweinessig
- 40g Schokoladentropfen
- 1 EL Puderzucker
- 1 EL Cognac
- ½ EL frisch geraspelte Orangenschale

1. Sous-Vide Gerät (kompaktes Wasserbad) oder einen Topf mit Einhänge-Thermostat mit Wasser füllen und auf 77°C erhitzen.
2. In einem speziellen Vakuumbeutel oder einem Plastikbeutel, der keine Weichmacher enthält und hitzebeständig ist, die Milch und den Essig geben.
3. Anschließend mit einem Vakuumierer oder der Wasserverdrängungsmethode die Luft aus dem Beutel entfernen und luftdicht verschließen.
4. Den Beutel in das Wasserbad geben und für eine Stunde garen.
5. Nach genau einer Stunde den Beutel aus dem Wasserbad nehmen und den Inhalt in ein mit einem Tuch bedecktes Sieb gießen. Die verbliebene Flüssigkeit kann entfernt werden.
6. Den entstandenen, verbliebenen Ricotta für mindestens 10 Minuten abtropfen lassen und anschließend für mindestens eine Stunde kaltstellen.
7. Den Boden einer Pfanne mit etwa 2 ½ cm Wasser bedecken und bei mittlerer Hitze erhitzen.
8. Eine hitzefeste Schüssel in der Pfanne platzieren und die Schokolade im Wasserbad unter ständigem Rühren zum Schmelzen bringen.
9. Anschließend die geschmolzene Schokolade mit dem Zucker, dem Cognac, der geraspelten Orangenschale und dem Ricotta in eine Küchenmaschine geben oder mit einem Pürierstab gut vermengen, bis eine geschmeidige, fluffige Mousse entsteht. Die fertige Schokolademousse in Schalen füllen und servieren.

# Blaubeermuffins

5 Portionen – Zubereitungszeit: 4 Stunden 30 Minuten

**Zutaten:**

- 210g Mehl
- 1 EL Backpulver
- ½ TL Salz
- 3 EL geschmolzene ungesalzene Butter
- 3 EL granulierter Zucker
- 1 großes Ei
- 240ml Vollmilch
- 100g frische Blaubeeren
- Ölspray

1. Sous-Vide Gerät (kompaktes Wasserbad) oder einen Topf mit Einhänge-Thermostat mit Wasser füllen und auf 90°C erhitzen.
2. Ein Gestell im Sous-Vide Gerät arrangieren.
3. Fünf Einmachgläser mit dem Ölspray einfetten.
4. In einer großen Schüssel das Mehl, das Backpulver und das Salz vermengen.
5. In einer anderen Schüssel die Butter und den Zucker vermengen. Anschließend das Ei hinzugeben und erneut gut verquirlen. Zuletzt das Vanilleextrakt nach Belieben hinzugeben und weiter verquirlen, bis es eine sehr leichte und fluffige Konsistenz hat.
6. Die Mehlmixtur nach und nach unter ständigem Rühren hinzugeben, bis eine ebene Masse ohne Klumpen entsteht. Die frischen Blaubeeren unterheben. Den fertigen Teig gleichmäßig auf die fünf vorbereiteten Gläser verteilen.
7. Mit einem feuchten Handtuch die Oberflächen und die Seiten der Gläser gut abwischen, damit keine Reste vom Teig daran kleben bleiben.
8. Die Gläser fest verschließen, im Wasserbad platzieren und für etwa drei Stunden garen.
9. Nach Ablauf der Zeit die Gläser aus dem Wasserbad nehmen und auf einem Drahtgestell oder ähnlichem für fünf Minuten abkühlen lassen.
10. Nun vorsichtig die Deckel abnehmen und ohne Deckel auf dem Drahtgestell stehen lassen, bis sie komplett abgekühlt sind.
11. Sobald die Muffins vollständig abgekühlt sind, können sie vorsichtig aus den Gläsern entfernt werden. Jeden Muffin halbieren, servieren und genießen.

# Zitronenkäsekuchen

2 Portionen – Zubereitungszeit: 2 Stunden 15 Minuten

**Zutaten:**

- 200g Frischkäse
- 2 Eier
- 1 EL Butter
- 1 EL Zitronensaft
- 1 EL Vanilleextrakt
- 1 EL Salz
- Geriebene Zitronenschale

1. Alle Zutaten in eine Schüssel geben und gut miteinander vermischen, bis sie zusammen eine cremige Masse ergeben.
2. Die entstandene Masse auf zwei Gläser verteilen und diese mit einem Deckel verschließen.
3. Sous-Vide Gerät (kompaktes Wasserbad) oder einen Topf mit Einhänge-Thermostat mit Wasser befüllen und auf 79°C erhitzen.
4. Die gefüllten Gläser im Wasserbad platzieren und für etwa zwei Stunden garen.
5. Anschließend die Gläser aus dem Wasserbad nehmen und vor dem Servieren gut abkühlen lassen.
6. Den fertigen Zitronenkäsekuchen vorsichtig aus den Gläsern holen, auf einem Teller drapieren und servieren. Der Kuchen kann auch direkt aus dem Glas verzehrt werden.

# Zimtäpfel

2 Portionen – Zubereitungszeit: 50 Minuten

**Zutaten:**

- 2 mittelgroße Äpfel, geschält und in beliebig große Stücke geschnitten
- 1 EL ungesalzene Butter
- ½ EL brauner Zucker
- 1 Messerspitze gemahlener Zimt

1. Sous-Vide Gerät (kompaktes Wasserbad) oder einen Topf mit Einhänge-Thermostat mit Wasser füllen und auf 84°C erhitzen.
2. Die Butter, die Apfelstücke, den Zimt und den Zucker in einen speziellen Vakuumbeutel oder einen Plastikbeutel, der keine Weichmacher enthält und hitzebeständig ist, geben und einmal energisch schütteln um die Zutaten gut miteinander zu mischen.
3. Die Äpfel im Beutel in einer Reihe arrangieren und anschließend mit einem Vakuumierer oder der Wasserverdrängungsmethode, die Luft aus dem Beutel entfernen und luftdicht verschließen.
4. Den gefüllten Beutel in das Wasserbad tauchen und für 30 bis 40 Minuten garen.
5. Nach Ablauf der Zeit den Beutel aus dem Wasserbad nehmen und die fertigen Zimtäpfel sofort servieren.

# Crème Brûlée

2 Portionen – Zubereitungszeit: 3 Stunden 10 Minuten

**Zutaten:**

- 4 große Eigelbe
- 300ml fettreiche Schlagsahne
- 55g Zucker
- 1 Prise Salz

1. Sous-Vide Gerät (kompaktes Wasserbad) oder einen Topf mit Einhänge-Thermostat mit Wasser füllen und auf 80°C erhitzen.
2. Alle Zutaten miteinander verquirlen und anschließend durch ein Sieb laufen lassen um mögliche Blasen zu entfernen.
3. Die entstandene Masse auf zwei Einmachgläser verteilen und mit einem Deckel gut verschließen.
4. Die gefüllten Gläser ins vorgeheizte Wasserbad stellen und für eine Stunde garen.
5. Anschließend die Gläser aus dem Wasserbad nehmen und für etwa zwei Stunden vollständig abkühlen lassen.
6. Zuletzt die abgekühlte Masse mit Zucker bestreuen und die Oberfläche der Crème karamellisieren.
7. Die Crème kann je nach Belieben weiter garniert oder so verzehrt und genossen werden.

# Zitronen Chiakuchen aus dem Glas

4 Portionen – Zubereitungszeit: 5 Minuten + einige Wochen Gärung

**Zutaten:**

- 3 EL granulierter Zucker
- 60g Mandelmehl
- 1 EL Backpulver
- 1 EL Kokosnussmehl
- 1 EL Chia Samen
- ¼ TL Zitronenextrakt
- 1 EL Wasser
- 1 Ei
- 2 EL Pflanzenöl
- Optional als Verzierung Zitronenschale (geraspelt) oder Chia Samen

1. Sous-Vide Gerät (kompaktes Wasserbad) oder einen Topf mit Einhänge-Thermostat, mit Wasser füllen und auf 85°C erhitzen.
2. Alle trockenen Zutaten miteinander vermengen und anschließend zu den flüssigen Zutaten geben, um einen Teig zu bereiten.
3. Vier Gläser mit ein wenig Ölspray einfetten und den Teig gleichmäßig auf alle Gläser verteilen.
4. Die gefüllten Gläser gut verschließen und für 1 ½ Stunden im Wasserbad garen.
5. Nach Ablauf der Zeit die Gläser aus dem Wasserbad nehmen und die Kuchen mit einem Messer vorsichtig aus den Gläsern entnehmen.
6. Die fertigen Chiakuchen mit geraspelter Zitronenschale oder Chia Samen dekorieren und servieren.

# Joghurt mit frischer Minze

2 Portionen – Zubereitungszeit: 30 Minuten

**Zutaten:**

- 1 EL frisch gepresster Zitronensaft
- 2 Kiwis, geschält und geschnitten
- 2 EL Vanillejoghurt/ Naturjoghurt
- 2 EL Rohrzucker
- Frische Minzblätter

1. Sous-Vide Gerät (kompaktes Wasserbad) oder einen Topf mit Einhänge-Thermostat, mit Wasser füllen und auf 80°C erhitzen.
2. Den frisch gepressten Zitronensaft, die geschnittenen Kiwis und den Zucker miteinander vermengen.
3. Vorsichtig umrühren und in einen mittelgroßen speziellen Vakuumbeutel oder einen Plastikbeutel, der keine Weichmacher enthält und hitzebeständig ist, geben.
4. Anschließend mit einem Vakuumierer oder der Wasserverdrängungsmethode die Luft aus dem Beutel entfernen und luftdicht verschließen.
5. Den gefüllten Beutel in das Wasserbad tauchen und für 20 Minuten darin garen.
6. Nach Ablauf der Zeit den Beutel aus dem Wasserbad nehmen und den Inhalt auf zwei Teller verteilen.
7. Zuletzt den Joghurt neben den Kiwis drapieren, mit einem Minzblatt garnieren und genießen.

# Himbeermousse

2 Portionen – Zubereitungszeit: 1 Stunde 10 Minuten

**Zutaten:**

- 100g Himbeeren
- 2 TL frisch gepresster Zitronensaft
- 1 EL Zucker
- 1 Prise Salz
- 1 TL-Spitze gemahlener Zimt
- 1 TL-Spitze Vanilleextrakt
- 60ml fetthaltige Sahne

1. Sous-Vide Gerät (kompaktes Wasserbad) oder einen Topf mit Einhänge-Thermostat, mit Wasser füllen und auf 82°C erhitzen.
2. In einen großen speziellen Vakuumbeutel oder einen Plastikbeutel, der keine Weichmacher enthält und hitzebeständig ist, den Zimt, das Salz, den Zitronensaft, die Himbeeren und den Zucker geben.
3. Anschließend mit einem Vakuumierer oder der Wasserverdrängungsmethode die Luft aus dem Beutel entfernen, luftdicht verschließen und für 45 Minuten im Wasserbad garen.
4. Nach Ablauf der Zeit den Beutel aus dem Wasserbad nehmen, den Inhalt mit einer Küchenmaschine zu Püree verarbeiten und auf Raumtemperatur abkühlen lassen.
5. In einer Schüssel die Sahne mit dem Vanilleextrakt steif schlagen.
6. Anschließend die Himbeermixtur hinzugeben und alles gut miteinander verrühren.
   Aufpassen, nicht zu viel mixen.
7. Die Himbeermousse zu einem leckeren Kuchen oder ähnlichem servieren und unbedingt vor dem servieren kaltstellen.

# Brownies

8 Portionen – Zubereitungszeit: 4 Stunden

**Zutaten:**

- 5 EL Kakaopulver
- 40g dunkle Schokolade
- 1 TL Backpulver
- 1 EL Apfelweinessig
- 120g Mehl
- 60g Reismehl
- 240ml Kokosmilch
- 1 EL Butter
- 55g Zucker

1. Das Kakaopulver mit dem Backpulver, dem Reismehl, dem Mehl und dem Zucker in eine Schüssel geben und gut miteinander vermengen.
2. In einer separaten Schüssel den Apfelweinessig und die Kokosmilch miteinander verquirlen.
3. Anschließend die Mehlmixtur und die flüssigen Zutaten miteinander vermengen. Alles zu einer homogenen Masse verarbeiten.
4. Sous-Vide Gerät (kompaktes Wasserbad) oder einen Topf mit einem Einhänge-Thermostat, mit Wasser füllen und auf 91°C erhitzen.
5. Brownieform mit Butter einfetten, anschließend den Schokoladenteig in die Brownieform geben und vorsichtig mit einem speziellen Vakuumbeutel umschließen.
6. Anschließend mit einem Vakuumierer oder der Wasserverdrängungsmethode die Luft aus dem Beutel entfernen und luftdicht verschließen
7. Den Beutel mit dem vakuumwerten Gargut im Wasserbad für 3 ½ Stunden garen.
8. Nach Ablauf der Zeit die Brownieform aus dem Sous-Vide Bad nehmen und gut abkühlen lassen.
9. Wenn die Brownies gut abgekühlt sind, können sie auf einem Teller arrangiert werden. Zuletzt die dunkle Schokolade schmelzen und über die Brownies gießen.
10. Die Brownies zuschneiden, servieren und genießen.

# Vanilleeis

2 Portionen – Zubereitungszeit: 1 Stunde 15 Minuten

**Zutaten:**

- 120ml Milch
- 60ml Sahne
- 2 Eigelb
- 1/3 Vanilleschote
- 4 EL Zucker

1. Die Samen aus der Vanilleschote entfernen und mit der Milch vermengen.
2. Das Eigelb mit dem Zucker verquirlen, bis es gemeinsam eine zitronengelbe Farbe hat und anschließend vorsichtig die Sahne unterrühren.
3. Die Sahne- und die Milchmixtur miteinander vermischen, in einen speziellen Vakuumbeutel geben und mit einem Vakuumierer verschließen.
4. Sous-Vide Gerät (kompaktes Wasserbad) oder einen Topf mit Einhänge-Thermostat, mit Wasser füllen und auf 76°C erhitzen.
5. Den Beutel mit dem vakuumwerten Gargut in das Wasserbad tauchen und für 60 Minuten garen.
6. Nach Ablauf der Zeit den Beutel aus dem Wasserbad nehmen und gut abkühlen lassen.
7. Die Mixtur anschließend in eine Eismaschine geben und nach deren Gebrauchsanweisung Eis herstellen. Mit Früchten oder Pur genießen.

# Haftungsausschluss

Dieses Buch enthält Meinungen und Ideen des Autors und hat die Absicht, Menschen hilfreiches und informatives Wissen zu vermitteln. Die enthaltenen Strategien passen möglicherweise nicht zu jedem Leser, und es gibt keine Garantie dafür, dass sie auch wirklich bei jedem funktionieren. Die Benutzung dieses Buchs und die Umsetzung der darin enthaltenden Informationen erfolgt ausdrücklich auf eigenes Risiko. Das Werk, inklusive aller Inhalte, gewährt keine Garantie oder Gewähr für Aktualität, Korrektheit, Vollständigkeit und Qualität der bereitgestellten Informationen. Druckfehler und Fehlinformationen können nicht vollständig ausgeschlossen werden.

# Impressum

William Cunningham wird vertreten durch:

Martin Wagner
Nobistor 30
22767 Hamburg

Bei Fragen, Anliegen, Feedback oder Wünschen: feedback@kohlenhydratlos.de

Covergestaltung und -konzept: lauria | fiverr.com
Coverbilder: Lisovskaya | istockphoto.com

Jahr der Veröffentlichung: 2017
Verantwortlich für den Druck: Amazon Distribution GmbH, Leipzig

34805660R00056

Printed in Poland
by Amazon Fulfillment
Poland Sp. z o.o., Wrocław